안아주는 말들

불안이

익숙한

사람을 위한

심리학

안아주는 말들

사이토 시게타 지음
마루 옮김

스테이블

마음은 미처 어른이 되지 못해서

그치지 않는 비가 없는 것처럼
인생의 우기도 언젠가는 반드시 끝이 납니다.
믿어도 좋습니다.
그리고 또다시 구름 사이로
태양은 얼굴을 내비치겠지요.

막다른 길에 들어서면 누구나 앞이 보이지 않는다. 눈
앞이 캄캄해지고 어떻게 해야 할지 몰라 점점 더 괴롭
기만 하다. 그럴 때 들려주고 싶은 이야기가 있다.

한 경영자가 텔레비전에서 이런 말을 했다.

"경기가 좋을 때는 다들 호황이 지속될 것이라고 믿습니다. 하지만 반드시 끝이 나게 되어 있습니다. 반대로 경기가 나빠지면, 이번에는 그 불황이 계속 이어지리라 생각하고요. 하지만 이 역시 언젠가는 반드시 끝이 납니다."

맞는 말이라고 생각한다. 지금까지의 역사를 봐도, 세상의 흐름은 발전할 때도 있고 퇴보할 때도 있다. 개인도 마찬가지다.

중요한 것은, 좋지 않은 상황이 계속 이어질 거라 생각하며 필요 이상으로 우울해하지 않는 마음가짐이다. 그리고 그것이야말로 진짜 어른의 태도다.

비 온 뒤의 무지개를 상상하며

내가 운영하는 병원은 건물이 불타 한동안 경영이 아주 힘들던 시기가 있었다. 당시 나는 곧바로 어머니께 울며 매달렸다. 어머니는 돌아가신 아버지의 자산을 도맡아서 관리하고 있었기 때문에, 당연히 자식인 내게 무상으로 자금을 융통해주리라 생각했다.

하지만 어머니는 이렇게 말했다.

"계약서를 쓰고 정식 절차를 밟는다는 전제하에 빌려줄 것이고, 이자 또한 확실하게 받겠다."

마치 은행 같은 대답이었다. 섭섭한 마음이 들었지만 어쩔 수 없이 이 융자를 받아들였다. 그 후로도 병원 경영의 재건과 채무 변제로 힘든 나날이 계속되었다. 힘이 들 때마다 조금 더 도와주지 않는 어머니를 속으로 원망하기도 했다. 그 정도로 자식에게 엄격한 어머니였다.

하지만 지금 생각해보면 이것은 아주 소중한 경험이다. 그때의 고생을 겪어낸 덕에, 그럭저럭 괜찮은 병원 경영자가 될 수 있었다고 생각한다.

결국 힘들다고 느끼는 모든 상황은 '인생의 우기' 같은 것이 아닐까. 비가 오는 날은 대부분 사람의 기분이 썩 좋지 않다. 특히 장마철 같은 시기에는 짜증이 나고 우울하기 짝이 없다. 게다가 동남아시아 같은 곳은 그 우기가 몇 달씩이나 지속된다. 그런데도 누구하나, 이제 비 같은 건 영원히 오지 않았으면 좋겠다고 생각하지 않는다.

비는 인간을 포함해 살아 숨 쉬는 모든 생명에게 없어서는 안 될 중요한 존재임을 알고 있기 때문이다. 그리고 또한 언젠가 비가 그치면, 구름 사이로 태양이 얼굴을 내비칠 테니까.

지금의 괴로움은 분명 지나갈 것이고, 이를 통해 배우는 점 또한 있으리라. 그러나 힘든 시기를 지혜롭게 이겨내는 것은 어렵다. 그럴수록 괴로운 일도 건강하게 받아들이려는 생각의 전환이 필요하다. 그렇게 하면 마음은 신기할 정도로 긍정적으로 변한다.

지금부터 내 개인적인 인생은 물론, 의사로서의 경험을 토대로 다양한 이야기를 들려주고자 한다. 그중 단 몇 가지라도 독자의 마음에서 비가 그치고, 무지개가 뜨는 데 도움이 되면 좋겠다.

차례

2장.
멈추고 바라보기 : 지금의 고민을 시간에 맡기다

3장.
나에게 상냥해지기 : 자기돌봄의 습관

4장.
어울리고 기대고 받아들이기 : 건강한 인간관계

5장.
감정의 파도 다스리기 : 불안과 우울

6장.
마음의 면역력 기르기

7장.
80퍼센트 심리학 : 완벽을 버리자 찾아온 변화들

다정하고 조용한 말에는 힘이 있다.

_랩프 월도 에머슨

1장

괴로움은 이겨내는 것이 아니라,

이해하는 것

성실하기 때문에 고민하는 겁니다.
자책할 필요는 전혀 없어요.

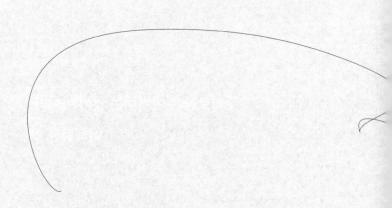

인간관계로 답답한 상황에 처해 있다면 무엇을 먼저 해야 할까. 답은 간단하다. 지금까지의 방식 혹은 자기 자신을 바꾸면 된다.

하지만 이것은 말로는 쉬워도 실행하기가 굉장히 어렵다. 먼저 자기가 믿고 살아온 삶의 방식을 부정하지 않으면 안 된다. 이건 굉장히 괴로운 일이다. 정체성에 위기가 오기도 한다.

예를 들어 당신이 평소 행실이 불성실한 A라는 사람과 좀처럼 잘 지내지 못하고 있을 때, 다음과 같은 말을 들었다고 하자.

"A와 잘 지내지 못하는 건 네가 붙임성이 없기 때문이야. 좀 더 애교 있게 행동하는 게 어때?"

당신은 분명 A가 하는 언행이 스스로의 가치관으로 보기에 옳지 않다고 생각할 것이다. 결과적으로 A와 잘 지내지 못하는 쪽을 '선택'한 것은 자신의 신념을 지키는 일이기도 하다. 그런데 지적을 받았다고 해서 '아, 그렇구나' 하며 바로 다음 날부터 남의 입맛대로 변해서 살아갈 수 있을까. 나는 그렇게 되기는 힘들다고 생각한다.

괴로움은 이겨내는 것이 아니라, 이해하는 것

그리고 나는 그렇게 아무렇지 않게 주관을 확 바꾸는 사람은 신용하지 않는다. 자신의 신념을 지키며 살아가다가 이를 바꿔야만 할 때, 괴로움을 느끼는 사람만이 인간으로서 신뢰할 수 있다고 생각한다. 또 그런 사람이야말로 변할 때는 확실하게 변할 수 있는 법이다.

즉, 당신이 고민하고 있다는 것은 성실하게 살아가고 있다는 증거이다. 확실한 자신만의 신조를 갖고, 일관되게 살아가고 있는 인간임을 증명하는 것이다. 스스로의 마음속에 지키고 싶은 무언가를 가졌다는 뜻이다. 그러니 자신감을 가졌으면 한다.

어떤 사람과 잘 지내지 못한다고 해서 지금까지의 자신을 부정할 필요는 전혀 없다. 단, 문제가 발생한 부분이 있다면 이를 인정한 다음 조금씩 바꿔가면 된다. 이렇게 변해가는 과정은 분명 괴롭고 많이 망설여질 것이다. 말하자면 출산의 고통 같은 것이리라. 아픔 없는 출산은 없다. 고민과 고통이 지나간 뒤에는 이제껏 경험해보지 못했던 새로운 날들을 마주할 수 있게 된다.

그러니 인간관계로 막다른 골목에 이르렀다면

실컷 고민해보기를 바란다. 그런 후에 만나게 될 새로운 버전의 업그레이드된 나를 기대하면 그뿐이다.

괴로움은 이겨내는 것이 아니라, 이해하는 것

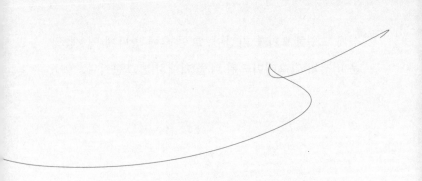

당신이 할 수 없는 일도 있겠지만
할 수 있는 일도 많습니다.
그걸 잊지 마세요.

사람은 살아가는 한 계속해서 새로운 것을 마주할 수밖에 없는 존재다. 태어나 부모를 만나고 아기티를 벗어 초등학교에 입학 후 졸업하면, 중학교 공부가 기다리고 있고 다음은 고등학교다. 학교를 마치면 일을 배워야 한다. 겨우 내 앞가림을 할 정도로 일을 익혔다 싶으면, 선배로서 후배들을 이끌어야 한다.

자신이 잘하는 것만 하며 살 수 있다면 그보다 편한 것은 없으리라. 그러나 인생은 아무래도 그렇게 짜여 있지는 않은 것 같다. 꽃길만 걸으려 해도 그럴 수 없는 상황이 반드시 생긴다.

그럴 때 사람은 상심하게 된다. 익숙함을 벗어나 새로운 것의 벽 앞에 섰을 때, 완전히 자신감을 잃어버리는 사람도 있지만 조금 다르게 생각해보기를 바란다.

누구든 새로운 일을 막 시작했을 때는 그 분야에서는 초등학교 1학년생과 같다. 태어난 후 20여 년 동안 나름대로 열심히 살아온 사람도 회사에 들어가면 사원으로는 풋내기다. 상사가 엄격하다거나, 자기 뜻대로 되지 않는 일이 많이 있는 것도 당연하다.

괴로움은 이겨내는 것이 아니라, 이해하는 것

조깅을 할 때, 지금껏 5킬로미터 정도는 편하게 달릴 수 있었으니 10킬로미터로 거리를 늘려보았다고 하자.

　　연습 첫날, 당신은 녹초가 되어 쓰러질 것이다. 달리기 실력이 줄어든 것이 아니다. 지금도 5킬로미터 정도라면 편안하게 완주할 기량은 충분하다. 처음이라 힘든 것이다. 그러니 10킬로미터를 달리는 것이 괴롭다고 해서 주눅들 필요는 없다.

　　새로운 일에 좀처럼 능숙해지지 못해 기분이 침울해질 때는, 스스로 잘할 수 있는 일로 돌아가보는 것은 어떨까. 잠시 복잡한 일에서 벗어나 편하게 잘할 수 있는 일을 해보면, 지금까지 쌓아온 것들이 결코 사라진 것이 아님을 확인하게 된다.

　　할 수 없는 일들에 부딪혀 자신감을 잃었을 때는, 먼저 잘하는 일을 해서 자신감을 되찾자. 회사라면 책상이나 파일 정리부터 시작해도 좋다. 집이라면 가장 자신 있는 요리를 만들어 가족이나 친구와 나눠보자. 자전거를 타고 근처 공원 한 바퀴를 달리고 오거나, 가까운 산에 올라 기지개를 켜는 것도 좋겠다. 수

월하게 잘할 수 있는 수많은 일들을 떠올려보고 실행에 옮기자. 그러면 조금씩 할 수 없는 일과 할 수 있는 일 사이의 간극이 좁아질 것이다.

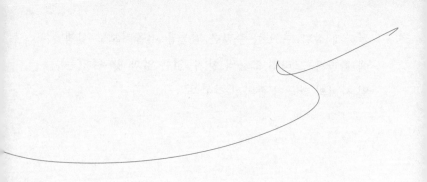

슬픔을 잘 느끼는 사람이
기쁨도 잘 느낍니다.

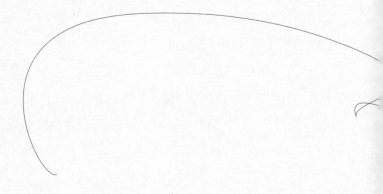

부정적인 상황이 계속해서 이어질 거라고 비관적으로 생각한다고 해도, 사람은 보통 고통스러운 감정을 그렇게까지 오래 유지하지는 못한다.

괴로워하는 데에는 체력과 함께 시간이 필요하다. 다시 말하면 고뇌하는 사람은 그만큼의 체력과 시간이 있다는 것이다. 그렇다고 한가하다는 뜻은 아니다. 시간이 있다면 실컷 고민하는 것도 필요하다고 생각한다.

인생의 모든 일에는 플러스 요소와 마이너스 요소가 있다. 고민을 하는 행위도 마찬가지다.

얼굴에 그늘 한 점 찾아볼 수 없는, 언제나 에너지로 가득하고 운동도 열심히 하고 몸에 좋은 것만 먹는 사람이 의외로 큰 병에 걸리기도 한다. 항상 어두워 보이는 사람이지만 대화를 나누다보면 의외로 삶에 만족하고 있으며, 몸과 마음이 건강하기도 하다. 저마다 인생의 마이너스 요소를 마음이나 혹은 몸으로 처리하고 있는 것에 따른 차이가 아닐까.

예를 들어 당신에게 마이너스 요소가 10포인트 있다고 하자. 그중 5포인트는 마음으로 끙끙 고민하다

해결하고, 남은 5포인트는 감기나 다른 무언가로 해결하는 것이다.

아니면 심적으로는 아예 고민하지 않고 10포인트 모두 몸으로 부딪쳐 병을 앓는 수도 있다.

혹은 10포인트 모두 마음으로 괴로워하는 것으로 소모해서 몸에는 나타나지 않거나.

이처럼 마이너스 요소를 처리하는 방법은 사람마다 다양하게 나뉜다.

그리고 마이너스 포인트의 처리 능력에도 개인차가 있다. 어떤 사람은 10포인트만큼만 버틸 수 있고, 어떤 사람은 20포인트까지 버틸 수 있다. 또 어떤 사람은 5포인트만으로도 한계에 다다른다.

마음의 허용량도 있으리라. 10포인트까지는 수월하게 처리할 수 있지만, 그 이상의 부담을 떠안게 되면 병이 난다든지 하는 것처럼 말이다.

이렇게 보면, 괴로워하는 사람은 괴로워하는 만큼의 힘을 갖고 있다고 생각할 수도 있지 않을까.

즉, 마음의 허용량이 넓은 것이다. 마이너스 요소에 대한 허용량이 크다는 것은, 그것이 플러스로 바뀌었을 때의 허용량도 크다는 의미이다.

　　슬픔이나 괴로움을 느끼는 힘이 뛰어나다는 것은, 기쁨이나 즐거움을 느끼는 힘도 남들보다 배로 뛰어나다는 말이 된다.

　　불행이나 걱정은 결과적으로 마음을 단련시킨다. 심적인 부담이 큰 시기에는, 더 큰 행복이 들어올 수 있도록 마음의 허용량을 단련하고 늘리는 기간이라고 생각하자.

　　지금 있는 불행만큼 행복은 찾아온다. 그리고 그 어떤 고민도 반드시 끝이 있다. 지금이 괴로워도 그것만은 기억해두기를 바란다.

　　그렇게 생각하면 슬프고 불안한 지금의 마음도 행복을 담는 그릇으로 키워낼 수 있다.

　　　　　　괴로움은 이겨내는 것이 아니라, 이해하는 것

불행을 외면하기보다
차라리 화를 내세요.

'개가 짖는 건 무서운데…' 하며 개집 근처를 지나갈 때, 진짜로 개가 나와 왈왈 짖었던 적이 있다. 내가 두려움을 가지니 개가 그 분위기를 느끼고 짖은 것이다.

　개를 무서워하는 사람은 되도록 개와 마주치지 않는 것이 좋다. 그런데도 개를 만나는 상황이 어쩔 수 생긴다면 두려워하지 말고 정면 돌파해보자. 그러면 의외로 개도 짖지 않는다.

　이것은 인생의 다양한 불행에 대처하는 방법과 비슷하다. 싫어하는 일, 인간관계의 불화, 일이 잘 풀리지 않는 상황 등 문제가 당신을 덮쳤을 때, 얼마나 잘 극복할지는 '등을 보이지 않는 것'에 답이 있다.

　뒷모습을 보여주면 개가 쫓아오듯 불행도 마주하지 않고 도망치면 그 틈을 타 마음을 불안하게 한다. 이럴 때 "왜 이런 일이 일어나는 거야!"라며 화를 내는 것이 의외로 효과가 있다. 실험에 의하면, 분노하면 일시적으로 스트레스에 대한 저항력이 올라간다고 한다.

　하지만 이것도 최대 5일까지가 한계로, 계속해서 화를 내면 오히려 저항력이 떨어진다는 데이터도 있다. 화를 낼 때는 확실하게 적극적으로 내고 대신에 빨리 잊어버리는 게 좋다.

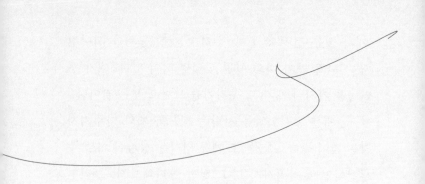

절망의 끝에서
필사적으로 살아온 사람은
고유의 빛이 납니다.

벌써 꽤 오래전 일이지만, 막내아들이 초등학생일 때 지인에게서 태산나무 묘목을 받아 왔다. 나는 이 묘목을 하코네(일본 가나가와 현에 있는 지역-옮긴이)의 산장에 심고 매년 봄, 방문할 때마다 '올해는 어떻게 되어 있을까, 얼마나 성장해 있을까' 하며 기대했다. 그러나 이러한 기대를 비웃듯, 묘목의 나뭇가지는 쌓인 눈 때문에 꺾여 있는 때가 잦았다.

그러나 이러한 역경에 굴하지 않고, 매년 꺾였다가 자라고 또 꺾였다 자라기를 반복하는 사이에 조금씩 성장해, 십수 년 사이에 내 키만큼 자라났다. 나는 하코네에 갈 때마다 미미하게나마 자라고 있는 이 태산나무의 성장을, 마치 자식처럼 지켜봤다.

인간 또한 아무 일 없이 평온하게 지내온 사람보다, 고난을 겪고 차례로 극복하며 필사적으로 살아온 사람이 더 인생을 알차게 보낼 수 있다고 말하고 싶다. 인생에 괴로운 일을 수없이 겪은 사람만의 단단함은 분명히 그만의 빛을 만들어낸다.

그러니 힘든 과정 중에 있더라도 그것이 전부는 아니라는 믿음을 갖기를 바란다.

괴로움은 이겨내는 것이 아니라, 이해하는 것

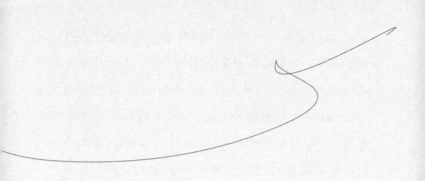

괴로울 때야말로
내가 진정 소중히 여기고
원하는 것이 보입니다.

괴로운 상황에 처하면 온몸이 바닥에 내쳐진 듯한 기분이 든다. 이대로 영원히 세상이 끝나기라도 할 것 같다. 하지만 의외로 이 비참함은, 좋은 방향으로 향하게 하는 원동력이 되기도 한다.

　고민하고 있을 때는 쉽게 해결책을 찾기가 힘들다. 감정에 이끌려 눈앞이 어두워진다. 가령 마땅한 방법이 있다고 해도, 정작 그 해결책대로 하고 싶지 않은 경우도 많다.

　'이렇게 하면 저렇게 되니까 싫어. 그 방법도 싫고 이 방법도 딱히 끌리지 않아. 그럼 대체 어떻게 해야 할까' 하며 고민하다가 아무것도 할 수 없게 되고, 더욱더 깊은 우울감에 빠진다.

　그러나 많은 길들이 끊어져 사방이 꽉 막혔을 때, 멀리서 반짝 빛이 보이는 길이 있다. 구체적으로 말하자면 모든 것을 내려놓아야 할 때 '이것만은 잃고 싶지 않다'는 생각이 드는 것이 있다.

　그것이 당신이 인생에서 정말로 소중히 하고 싶은 것이다.

많은 것을 가지고 있을 때는 모른다. 손에 쥐었다고 생각했던 것들을 허무하게 잃어버리고 난 후, 비로소 진정 나에게 필요한 것이 무엇인지 알게 된다.

그것을 붙잡고 밑바닥부터 기어올라간 사람은 강하다. 자신이 진정으로 소중히 하고 싶은 것을 손에 꽉 붙잡고 살아갈 수 있으니, 방황도 줄어든다. 마지막까지 망설인 끝에 스스로 여러 가지를 실감할 수 있는 것이다.

그리고 다음에 또 방황하게 될 때는 어떤 답을 골라야 좋을지 금방 알 수 있다.

반대로 어설프게 방황하며 자신을 속이는 사람은 정말로 원하는 것이 무엇인지 영원히 알지 못한다. 방 안에서 고민하며 한 발자국도 움직이지 않는 것 또한, 좀처럼 결론에 도달하지 못하게 하는 행동이다. 일단 해보고 나서 '이건 아니었어' 또 해보고 나서 '이것도 아니었어' 하며 시행착오를 겪으며 행동하는 것이 중요하다.

당신은 지금까지의 인생에서 크게 방황했던 적

이 있는가. 만약 지금이 그렇다면, 혹은 언젠가 그런 시기가 온다면 기회가 찾아온 것이다.

고통을 느끼는 상황은 그저 괴롭기만 한 것이 아니다. 자신이 인생에서 무엇을 바라고 있는지 알게 되는 좋은 기회이다.

2장

멈추고 바라보기 :

지금의 고민을 시간에 맡기다

평소와 조금 다른 것을 해봅시다.
거창하게 생각하지 말고
아주 작은 정도도 좋습니다.

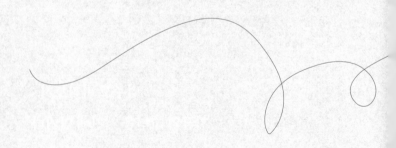

"일이 사는 보람이다"라고 말하는 사람은 의외로 많다. 이런 사람은 힘든 상황이나 고민거리가 생길 때면 당연하다는 듯이 일로 도망쳐버린다. 하지만 좋아하던 일도 과중해지면 도피처는커녕 고통 그 자체가 된다. 게다가 늘 일에 기대던 사람이 일로 스트레스를 받으면 대안을 찾지 못하고, 우울증에 걸리기도 한다.

나는 이런 이들에게 취미를 가지라고 권하고 있다. 취미가 있다고 우울해지지 않는 것은 아니지만, 만일 우울증이 온다고 해도 더 잘 견딜 수 있는 것은 확실하다.

의사인 내가 글을 쓰게 된 계기는 아버지가 돌아가시고 난 후, 어느 잡지사로부터 장송기(葬送記, 장례 절차의 모든 과정을 기록한 글-옮긴이)를 의뢰받은 것이 시작이다.

글을 쓰기 시작하고 나서 알게 된 것인데, 글쓰기는 더할 나위 없이 좋은 기분 전환의 한 방법이다. 어떤 주제에 대해서 글을 쓰려고 시작하면, 그것이 사물이든 인간이든 여러 시점에서 깊이 파헤쳐보게 된다. 아주 개인적이라고 여겨지던 사건에도 객관성을 가지고 마주할 수 있게 된다. 그렇게 글로 써야만 처음으로 보이는 것이 있음을 깨달았다.

글을 쓸 때의 사고(思考)는 진찰 등의 일을 할 때와 전혀 다르다. 글쓰기뿐만 아니라 그림을 그리거나, 바둑이나 장기를 두거나, 집안일을 하는 것도 제각각 다른 사고로 이루어져 있으리라. 그런 각각의 작업을 할 때마다 두뇌의 움직임도 달라진다.

나는 원래 스스로를 카멜레온 같은 인간이라고 지칭할 정도로 취미가 많고, 자주 다른 일에 빠져들며 살아왔다. 인생의 절반은 빈둥빈둥 딴 데로 새는 것을 반복해왔다.

주변 사람들은 '왜 저럴까'라고 생각하는 듯도 하지만, 나는 즐겁기만 하다. 취미가 있으면 살아가는 속도를 조절할 수 있어서 생활이 느긋해진다.

덧붙이자면 그렇게 사는 편이 일도 더 순조롭게 진행된다.

인생에서 '조금 다른 일, 안 하던 일'을 거창하

게 생각할 필요는 없다. 산책 중 잠깐 멈춰 서서 느긋하게 주변을 둘러보는 정도도 좋다. 이런 사소한 취미가 마음의 여유와도 이어진다.

향기로운 술처럼
사람에게도
숙성의 시간이 필요합니다.

학창 시절에 벼락치기로 공부한 추억을 가진 사람이 많을 것이다. 나 역시 시험 범위의 일부분만 집중적으로 공부하거나, 중요한 단어의 앞 글자만 따서 일종의 언어유희로 만들어 암기하기도 했다. 하지만 이런 공부는 시험이 끝나면 죄다 잊어버린다.

착실하게 노력한 결과 기초가 탄탄하게 잡혀서, 제대로 이해하고 즐기는 공부법도 있다. 질이 좋은 흙이 가득한 밭에서 영양분을 제대로 흡수하고, 태양의 에너지를 충분히 받아 자라는 가지나 오이와 같다.

이처럼 무엇을 '제대로' 이뤄내는 데 있어서 어느 정도의 시간은 반드시 필요하다. 시간을 들이면 익숙해지고 제대로 될 일도, '빨리빨리'하며 재촉하면 금세 싫증이 나거나 엉망이 된다.

고급 와인이나 정종도 향기롭게 빚기 위해서 많은 시간을 들인다. 이른바 '숙성의 시간'이다. 사람 역시 마찬가지다.

인생을 조급하게 생각할 필요는 없다. 주위의 속도가 신경이 쓰일지라도, 지금은 나 자신을 숙성하는 중이라고 생각하자. 그러면 마음도 편해지고 습득해야 하는 것들도 자연스럽게 몸에 익는다.

서두를 때와 기다릴 때를
제대로 판단하면
원하는 방향으로 흘러갑니다.

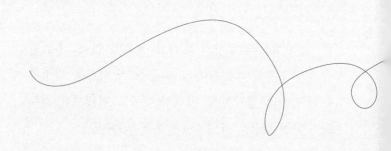

인생에서 어떨 때는 서둘러야 하고, 또 어떨 때는 기다려야 한다.

"서둘러"만으로는 몸도 마음도 버티지 못한다. 그렇다고 "기다려"만 외치다가는 앞으로 나아가지 않는다. 어느 한쪽으로 치우치지 않게 균형을 가지는 것이 좋다.

그렇다고 "서둘러"와 "기다려"가 마냥 반대되는 것만은 아니다. 서로 영향을 미치기도 한다. 서둘러 일을 끝내는 편이 나중에 그만큼 충분한 여유를 가질 수 있게 해주기도 한다. 혹은 가끔은 충분히 자신을 놓아주고 휴식을 취하게 해야, 그만큼의 에너지가 쌓여 필요할 때 서두를 수 있다.

이처럼 액셀과 브레이크를 적절히 사용해 생활의 속도를 조절하면 인생이 편해진다. 액셀만 밟아서 과열된 나날을 보내고 있다면, 가끔은 브레이크를 걸어보자. 문제가 산더미같이 쌓인 덜컹거리는 길로 접어들면, 서행하는 것이 지나가기 좋다. 잘 가다가도 연료가 부족하면 정차해서 연료를 채우는 것이 당연하다. 지금의 상태에 맞는 명령어는 "서둘러"와 "기다려" 중 무엇일지 생각해보자.

문제가 해결되는 데에는
시간이 걸리는 게 당연합니다.

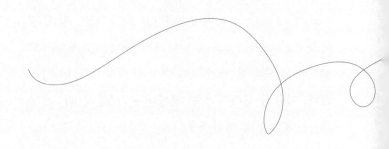

살아가다보면 다양한 곤란한 상황에 처하게 된다.

'더 이상 이 회사에서 일할 수 없다.'

'이 사람과의 관계는 회복이 불가능할 것 같아. 같이 있는 한 영원히 괴로운 상황에서 벗어날 수 없겠지.'

이런 식으로 사태를 수습하기가 어렵다고 판단하면, 대부분의 사람은 '이젠 글렀다'라는 생각에 무력감에 시달린다.

하지만 이렇게 주저앉기만 해서는 곤란하다. 세상만사 중에서 내 뜻대로 되는 일은 원래가 흔한 것이 아니다. 어려움에 부딪히고 어떻게든 해보려고 발버둥을 쳐야만 사람은 살아갈 수 있고 또 성장한다.

할 수 있는 만큼의 최선을 다했는데도 불구하고 원하는 만큼 성과를 얻지 못했다 하더라도, 그 경험은 반드시 훗날 도움이 된다.

그러니 필요 이상으로 괴로워하지 않았으면 한다. 진정으로 최선을 다했다고 생각되면, 침울해하지 말고 오히려 자신을 칭찬해주는 마음가짐을 가졌으면 한다.

모든 문제 해결에는 어느 정도의 시간이 걸린다는 점을 기억한다면, 초조함이 조금은 사라질 것이다.

예를 들어, 누군가와 싸운 후에 화해를 하고 싶다고 해도 상대의 마음이 진정될 때까지 어느 정도 시간이 걸린다. 그동안은 사과를 하거나 비위를 맞추려 해봐도 곧바로 관계를 회복할 수 없다. 상대에게 충분히 시간을 주며 기다리는 수밖에 없다.

일에 있어서도 마찬가지다. 오늘 세운 기획이 내일 바로 결실을 맺어 이익으로 이어지는 일은 있을 수 없다. 계획을 세우고 준비한 프로젝트가 결실을 보는 것은 2주 후일 수도 있고, 1년 후일 수도 있고, 그보다 더 걸릴 수도 있다.

회사의 운명을 좌우하는 큰 사업일수록 열매를 맺기까지 시간이 걸린다. 그동안은 할 수 있는 최선의 일을 하면서 기다리는 수밖에 없다.

특히 비즈니스 세계에서는 속도가 점점 더 중요시되어 신속한 문제 해결을 강요당한다. 그런 세계에 몸담은 사람은, 주변 사람들이 성과를 올리는 것을 보고 그러지 못하는 자신을 한심하게 여기며 우울해질 수도 있다.

하지만 남들의 성과는 그들이 그동안 괴로워하며 기다린 결과물인 경우도 적지 않다. 단순히 운이 좋아서가 아니라 인내 끝에 마주한 열매인 것이다.

앞서 말했듯이 살아가는 데는 속도도 중요하지만 기다림 또한 중요하다. 서두르는 법도 알고, 차분히 기다리는 법도 아는 사람만이 인생에서 진정한 행복을 손에 넣을 수 있음을 명심하자.

쉴 때만큼은
남들이 어떻게 생각하든지
신경쓰지 마세요.

현대사회는 매우 바쁘게 돌아간다. 최신 정보가 난무하고, 사람들은 정보를 좇으며 동시에 시간에 쫓긴다. 《이상한 나라의 앨리스》 속 하얀 토끼처럼 허둥지둥 뛰어다닌다.

이런 모습을 보면 "초조해하지 말고 조금 느긋해지는 것도 괜찮지 않을까요?"라고 말해주고도 싶지만, 젊고 또 한창 일하는 사람들에게는 그 또한 무리한 요구가 아닐까 싶다.

그러나 적어도 마음이 지칠 때만큼은 조바심을 버리고 여유 있게 살아갔으면 한다. 마음이 쉽게 지치는 사람은 대부분 성실하고, 타인의 말을 잘 이해하는 경향이 있다. 한마디로 도량이 넓다. 다만, 남보다 반성하는 마음이 큰 것이 심적 피로의 원인이 된다. 필요 이상으로 자신을 탓하는 것이다. 그럴 때는 누군가에게 느긋하게 자신의 이야기를 털어놓고, 충분한 휴식을 취하도록 하자.

하지만 직장에 다니는 경우, 마음의 병을 앓을 때마다 회사를 쉬는 것은 현실적으로 어렵기도 하고, 그렇게 한다 해도 본인의 마음이 편치만은 않을 것이

멈추고 바라보기 : 지금의 고민을 시간에 맡기다

다. 특히 '쉰다'는 말을 '빈둥거린다'와 똑같이 여기고 곱게 보지 않는 사람들도 있다. 휴식을 취하며 충전하고 있는 것인데도, 주변에서는 "저렇게 두면 안 되는데"하며 걱정하기 쉽다.

잘 쉬다가도 천성이 성실하기 때문에 그러한 비난 또는 걱정을 듣게 되면, '이대로 있다가는 분명 뒤처지겠지' 하며 초조해한다. 그리고 아직 마음이 완전히 낫지 않았는데도 불구하고 "그럼 다음 주부터 출근하겠습니다"라며 경솔하게 일을 떠맡아, 결국 더 깊은 구렁텅이에 빠진다.

이럴 때는 일이나 공부 같은 무거운 짐은 일단 완전히 내려놓고, 자신을 되찾을 때까지 차분히 기다려야 한다.

마음에 상처가 났을 때, 오히려 더 일에 집중하려는 사람들이 있다. 하지만 이렇게 안팎으로 좇고 쫓기며 초조하고 불안해하는 것보다는, 속박에서 벗어나 느긋하고 여유로운 시간을 보내는 편이 정신건강에 훨씬 더 낫다.

아무리 속도가 중요한 세상이라지만, 시간은 나

중에 얼마든지 가질 수 있다. 마음이 버거울 때는 지금 하는 일들은 최대한 내려놓고 오로지 자신만을 위한 시간을 갖자. 평온하고 여유롭게 휴식을 즐기자.

어떤 기다림은
머지않아 다가올
기쁨의 시간을 뜻합니다.

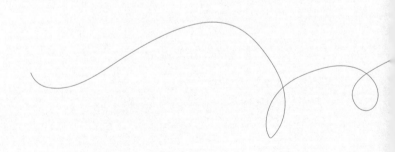

인기 있는 식당은 항상 줄이 길다. 그 식당의 음식이 맛있는 것은 틀림없겠지만, 사실은 기다리면 기다릴수록 맛있게 느끼는 것이 아닐까.

'이렇게 오래 기다렸으니 맛있겠지'라는 마음이 '아, 진짜 맛있다!'라는 만족감으로 돌아오는 것이다.

이처럼 기다림이 항상 고통스러운 것만은 아니며, 후에 올 기쁨을 더 크게 만들어줄 때도 많다. 참고 기다렸기에 기쁨이 배가 되어 돌아오는 것이다.

그러니 지금 고민이 있는 사람은 조금 기다려보는 것이 좋다. 해결책도 없는데 무리해서 행동부터 하기보다는 잠깐 멈춰 서서, 내 주변의 흐름이 어떻게 달라지는지 지켜보는 것이다.

물론 기다리는 동안은 힘이 들지도 모른다. 하지만 기다림에 걸린 시간이 길수록, 벗어났을 때의 기쁨은 커져서 돌아온다.

'드디어 이런 날이 오는구나. 역시 기다린 보람이 있었어' 하고 생각할 것이다.

허둥대면 안경을 쓰고도
안경을 찾는 게 사람이니까요.

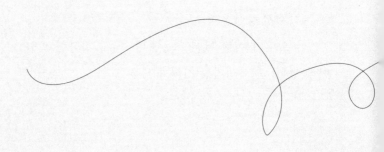

한번은 갑자기 지갑이 보이지 않았다. 분명히 가방 안에 넣어놨는데 찾을 수가 없었다. 구석구석 뒤져봐도 없고 윗옷이나 바지 주머니에도 없었다. 책상 서랍을 하나씩 열어보고, 책상 밑에 엎드려 샅샅이 찾아봤는데도 소용이 없었다.

이렇게 호들갑을 떨고 있을 때, 어느 직원이 "지갑 거기에 있어요"라고 알려주었다. 자세히 보니 책상 위의 서류 밑에 있었다.

이렇게 한번 당황해버리면 가까이 있는 것도 보이지 않을 수 있다. 마음에 여유가 없을 때는, 머리를 싸매고 고민해봐도 문제를 해결할 수 있는 아이디어가 떠오르지 않는다.

이럴 때는 스스로에게 시간을 줘야 한다. 충분히 시간을 가지고 냉정하게 생각하면 좋은 방안이 나올 수 있다.

문제가 급한데 시간을 갖자는 말이 비효율적이라고 생각할 수도 있겠지만, 결과적으로는 그것이 해결의 지름길이 된다.

차분하게 심호흡을 하며 원점에서부터 다시 생각하면 놓치고 있던 반짝이는 해답이 분명 보일 것이다.

사소한 계기로도
기분은 좋아질 수 있습니다.
그러니 부디 시간을 주세요.

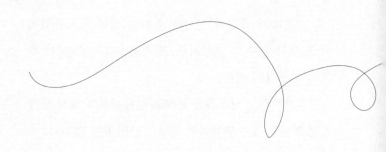

만약 지금 당신이 부정적인 생각에 침울해 있다면 유연한 관점을 가질 것을 추천한다.

이를 뒷받침하는 것이 선인들의 지혜다. "급히 먹는 밥에 목이 멘다"라는 속담이 있다. 너무 서두르면 오히려 실패를 자초하기 쉽다는 뜻이다. 반대로 "쇠뿔도 단김에 빼라"와 같이 무엇을 하기 전에 주저하지 말라는 속담도 있다. 세상에는 이렇게 모순되는 속담이 아무렇지 않게 공존하고 있다.

남보다 먼저 행동하면 반드시 승리한다는 뜻의 사자성어 "선수필승(先手必勝)"이라는 말이 있는가 하면, 거문고의 재료인 "오동나무만 봐도 춤을 춘다"는 속담도 있다. 너무 미리부터 서두름을 비유적으로 이르는 말이다.

둘 다 맞는 말이다. 상황에 따라서 그렇다. 즉, 세상일은 한 가지 관점만으로 파악할 수 없다.

밖에서 보느냐 안에서 보느냐에 따라 보이는 것이 달라지고, 시간의 경과에 따라 시시각각으로 변화하기도 한다. 그러니 지금 가지고 있는 문제나 불안, 부정적인 마음도 머지않아 어떤 식으로든 달라질 거라고 믿고 기다려보면 어떨까.

3장

나에게 상냥해지기 :

자기돌봄의 습관

자세히 보면 모두 이상하지요.
어딘가 튀어나와 있고
어딘가 쑥 들어가 있고,
평범한 사람 같은 건 한 명도 없어요.

뉴스를 보다보면 다양한 설문 조사와 함께 '평균'이라는 개념과 만날 때가 있다. 평균 급여, 평균 신장, 평균적인 친구 수 등 다양하다. 이런 정보를 통해 사람들은 자신이 평균인지 아닌지, 주위에 비해서는 어떤지 비교해본다.

그리고 한편으로는 자신이 '보통'이 아닌 것을 고민하기도 한다.

'내 월급이 평균에 한참 못 미치잖아. 다른 사람들은 월급을 이렇게나 많이 받다니. 나도 열심히 하고 있는데 왜 이것밖에 못 벌지?'

'나는 남들에 비해 친구가 적구나. 어쩌면 나한테 문제가 있어서 그럴지도 모르겠다.'

그러나 '평균' 같은 건 사실 어디에도 존재하지 않는다. 주위를 둘러보라. 그야말로 '평균적인 사람' 혹은 '보통 사람'이라고 생각할 만한 사람이 있는가. 잘 모르는 사람 말고, 정말 잘 아는 사람 중에 과연 있는지 생각해보자.

아마 없을 것이다. 다들 어딘가가 다르고, 어딘가가 특이하고, 저마다의 버릇이 있다.

사람의 개성은 돌멩이와 같다. 같은 모양은 하나도 없다. 어딘가가 튀어나와 있고, 어딘가 쑥 들어가 있다. 모든 것이 평균적인 사람은 한 명도 없다.

곰곰이 생각해보면 당연하다. 애초에 모두가 그렇게 만들어졌다. 그리고 이 다른 점, 특이한 점이 각자의 개성을 만들어주는 귀중한 자산이다.

통계 역시 하나의 정보일 뿐이다. 모두의 현실을 대변하는 것은 아니다. 그러니까 혹시라도 어디에서 "보통은 이렇다" "대개는 이렇다"는 말을 들었다고 해도, 필요 이상으로 걱정하거나 뒤쳐졌다고 우울해할 필요는 없다.

'그건 그쪽 생각이잖아요' 하고 너그럽게 받아들이면 된다. 마찬가지로 지금 내가 책에 쓴 말조차, 어디까지나 나의 생각이지 평균도 아니고 절대적으로 옳은 것도 아니고, 아무것도 아닐 수도 있다!

평균에 집착하는 것은 정보화 시대의 폐해 중 하나다. 이것저것 모두 드러내는 세상에서, 평균이라는 무리에 속하지 않으면 뒤처진 것처럼 느껴진다.

평균이 되고 싶어서 자신과 남을 비교하며 고민하는 당신은, 분명 솔직한 마음의 소유자일 것이다. 남의 이야기를 있는 그대로 받아들이는 것, 그 자체는 매우 훌륭한 일이지만 거기에 휘둘려버리면 모처럼 태어난 '나'라는 사람을 잃어버릴 뿐이다.

　세상에서 아무리 평균이니 보통이니 떠들어대도, 신경쓰지 말고 그냥 내버려두자.

남의 시선은 신경쓰지 말고
약간의 무모함과
용기를 가지세요.

나만의 리듬과 여유를 가지고 천천히 사는 것은 쉽지 않다. 다른 사람의 시선이 신경쓰이기 때문이다.

여유는 곧잘 게으름과 동일시되기도 한다. 상사나 부하 앞에서는 일 잘하는 사람으로 있고 싶다. 가족이나 연인에게는 믿음직스럽고 멋진 사람으로 보이고 싶다. 친구에게는 항상 약속이 많은 사람으로 보이고 싶다. 그러니 여유 따위 부리고 있을 수 없는 것이다. 그렇게 '남의 시선의 노예'가 되고 만다.

남이 자신을 잘 봐줬으면 하는 것은 자연스러운 감정이다. 하지만 분명히 정도는 있다. 무리해서 자신을 포장하며 허세를 부리고 아는 척을 하거나, 악의는 없을지라도 무심코 잘난 체하며 거짓말을 하거나 속이는 짓은 머지않아 바닥을 드러낸다. 이런 행동은 언뜻 보기에 자신감이 넘치는 듯해도, 실제 속으로는 마음을 갉아먹는다.

연극을 하듯이 가짜 여유를 부리며 남의 시선에만 신경을 쓰면, 나 자신을 잃어버리고 만다. 자신이 해야 할 일, 하고 싶은 일이 무엇인지 알 수 없게 돼버린다.

남에게 잘 보이는 것보다 내가 하고 싶은 일을 찾아 나답게 살아가는 것이 훨씬 중요하지 않을까.

타인의 평가는 당신을 둘러싼 상황은 바꿀 수 있을지 몰라도, 당신이라는 사람 자체를 바꿀 수는 없다. 그러니까 남 같은 건 신경쓰지 말고 내가 해야 할 일, 내가 하고 싶은 일을 밀어붙여보자. 좋아하는 일이나 자신감은 그러한 가운데서 얻을 수 있다.

이상하게도 자기가 좋아하는 일을 해서 자신감이 생기면 타인과 타인의 평가도 신경쓰이지 않게 된다. 자신의 인생을 책임지고자 하는 마음이 생기기도 한다. 스스로가 가지는 만족감은 외부의 평가를 초월한다. 그렇게 한 번 자신감이 붙고 나면, 그다음부터 겨루게 되는 상대는 타인이 아니라 '어제의 나'가 된다. 끊임없는 도전을 통해 완성도와 재미까지 찾아지는 것이다.

좋아하는 일 앞에서 고민이 된다면 우선 자기 자신의 솔직한 열정과 마주해보는 것은 어떨까. 머지 않아 타인의 평가도 따라올 것이다. 그러니 조급하게 다른 사람의 시선을 신경쓰지 말고, '조만간 인정받겠지' 하고 기다리면 된다.

　　주저하는 일이 있다면 철저하게 준비하되, 약간
의 무모함과 용기 또한 필요하다는 사실을 잊지 말자.

열등감은
더 나아지고 싶다는
마음의 목소리입니다.

사람들은 내가 정신과 의사로 일하며 여러 사람을 상담하고 책도 쓰고 텔레비전에 나가 이야기도 하니까, 자신감 있는 성격일 것이라고 생각한다. 하지만 나는 솔직히 스스로가 재능도 능력도 매력도 없다고 본다. 이 나이가 되도록 남들보다 부족하다는 열등감에 시달린다.

이러한 감정은 누구에게나 있다. 미국의 한 대학에서 학생들을 대상으로 열등감을 갖고 있는지에 대해 설문 조사를 한 적이 있다. 그 결과 93퍼센트가 그렇다고 대답했다. 대체로 대부분의 사람이 열등감을 갖고 있는 것이다.

오히려 내가 보기에는, 열등감이 없다고 대답한 나머지 7퍼센트의 학생들에게 문제가 있다고 생각한다. 이런 사람은 조증이거나 약간의 정신적인 문제를 가졌을 가능성이 있다. 자신의 내면을 솔직하게 한 번이라도 마주한 사람이라면 이런 대답은 할 수 없다.

열등감은 살아가는 데 어느 정도 필요한 법이다. 열등감을 느낀다는 것은, 자신을 더 높은 레벨로 끌어올리고 싶다는 마음가짐이 있기 때문이다. 발전하고 싶은 의욕이 있기 때문에 주위의 능력 있고 매력적인 사람이 신경쓰이는 것이고, 자신의 결점도 보이는 것이다.

다만 지나치게 열등감에 사로잡혀 "나는 불행해" "나는 글러먹은 인간이야" 하고 투덜거리며, 아무것도 하지 않은 채 불만이나 푸념만 늘어놓아서는 안 된다.

지금의 내 모습이 마음에 들지 않더라도, 자신을 싫어하거나 마음을 닫아버리지 말고 '언젠가 내가 원하는 내가 될 수 있어'라고 생각하며 노력하는 것이 중요하다.

열등감에 너무 사로잡혀 있으면 다시 일어서기가 쉽지 않다. 그러니 열등감 자체는 누구에게나 있다는 것을 인식하고, 스스로를 한심하게 생각하지 말자.

적당한 열등감을 가진 사람이 좌절에도 강하고, 항상 노력하고자 하는 발전적인 에너지를 갖고 있다. 때문에 삶의 방식 또한 이상적이고 건강할 가능성이 높다.

어떤 순간이라도 열등감이 생기기 시작하면 무조건 '싫다'가 아니라 '환영이다'라고 바꿔 생각해보자. 열등감을 비료로 삼아 좋은 열매를 맺으면 그만이다. 나를 비참하게 만들기 위한 감정이 아니라 건강한 자극을 주는 감정이라고 여기는 것이다.

콤플렉스를 싫어하면
상처가 되지만
인정하면 개성이 됩니다.

열등감과 마찬가지로 콤플렉스를 가지지 않은 사람 또한 없다. 대표적인 것 중 하나가 외모 콤플렉스일 것이다. '뚱뚱하다, 눈이 작다, 다리가 짧다, 피부가 거칠다'와 같이 신체와 관련된 것부터 '머리 스타일이 촌스럽다, 어떤 옷을 입어도 어울리지 않는다'와 같이 외모에 조금이라도 결점을 느끼면 사람은 우울해진다. 경우에 따라서는 자기혐오에 이르러 시종일관 고민만 하게 된다.

이러한 콤플렉스 스트레스는 약간의 발상 전환으로 해소할 수 있다. 지인이 알려준 방법인데, 그는 자신의 콤플렉스를 대화의 주제로 삼아 우울한 기분을 날려버린다고 한다. 나름대로 콤플렉스에 대해 신경을 쓰고 살기는 하지만, 걱정을 한다고 바꿀 수 있는 것도 아니고 남의 시선에 민감해지는 것도 싫으니, 아예 농담 삼아버린다는 것이다. 남이 지적하기 전에 먼저 말을 꺼냄으로써 마음이 편해진다. 게다가 상대와 나 사이에 있는 벽이 허물어지는 듯한 느낌이 들어 스스럼없이 대할 수 있고, 그러다보면 콤플렉스도 매력적으로 느끼게 된다고 한다. 한마디로 콤플렉스에 대해 가볍게 대처할 수 있도록 익숙한 분위기를 만드는 것이리라.

콤플렉스는 당신을 당신답게 만들어주는 소중한 개성의 하나다. 얼굴에 난 작은 점 하나를 필사적으로 가리고 싶을지라도, 누군가는 그 점을 볼 때마다 매력적이라고 여길 수도 있는 것이다. 이를 싫어한다면 결점으로 남겠지만, 좋아하게 되면 장점이 되기도 한다. 긍정적으로 인정하면 주변 사람들도 당신의 소중한 개성으로 인식해준다.

또 자신은 낙오자니, 이류니 하는 우열에 관한 콤플렉스에 시달리는 것도 그만했으면 한다. 명문 고등학교와 대학을 나와 대기업에 취직하는 것만이 성공은 아니다.

애초에 소위 '잘나간다'란 무엇일까. 사전적 의미로는 '사회적으로 계속 성장하다'는 뜻이다. 그러나 과연 가능한 말일까? 세상에 어떤 사람이 계속해서 잘나갈 수 있다는 말인가. 결국 비현실적이고 단발성에 가까운 뜻이다. 이것은 사회가 만들어낸 허구에 지나지 않는다. 결코 누구도 닿을 수 없는 가치다.

진정 성공한 인생을 사는 법은, 누가 뭐라고 하든 내가 선택한 길을 가는 것이라고 생각한다.

그렇게 콤플렉스마저 웃어넘길 줄 아는 여유를 가지고, 자신을 사랑하는 사람은 분명히 빛난다.

잘하고 싶으니까
부족함도 느껴지는 겁니다.
중요한 것은 그다음이죠.

텔레비전에서 중학교를 졸업한 후, 음식점에서 가르침을 받는 요리사 지망생 아이들의 성장 다큐멘터리를 보았다.

처음에 스무 명 가까이 있던 아이들 가운데 혹독한 수업을 견디고 2년 후에도 가게에 남아 있던 것은, 처음에 뭘 시켜도 어설펐던 남자아이 한 명과 여자아이 한 명이었다.

이들과 같이 수업을 했던 동료가 가게를 찾아와 두 사람의 음식을 먹고 잠시 말문이 막히더니 이렇게 말했다.

"예전에는 내가 요리를 더 잘한다고 생각했는데, 이제는 두 사람이 훨씬 뛰어나요."

남보다 움직임이 느리고 목소리도 작아 선배에게 혼나기만 했던 여자아이는 말했다.

"나는 이 일을 실패해버리면 끝장이었으니까, 이것 외에 다른 일이 없었으니까. 열심히 할 수밖에 없었어."

이 방송을 통해 자신의 상황을 자각하고 시간을 갖고 노력하면, 재능 있는 사람도 이길 수 있다고 다시한 번 배우게 됐다.

'난 재능이 없어. 능력도 없고 뭘 해도 잘 안 돼.'

누구나 한번쯤은 이렇게 의기소침해진 적이 있을 것이다. 그러나 중요한 것은 그다음이다.

남보다 못하다고 느끼면 더 나아지면 된다. 닮고 싶고 뛰어넘고 싶은 사람 쪽을 향하면 된다.

잘하고 싶은 마음이 있기 때문에 부족함도 느껴지는 것이다. 괴로운 마음을 부여잡고 한 발자국도 나아가지 못하는 것이 아니라, 발전을 향해 한 걸음 발을 내디뎠으면 한다.

이런저런 고민이 있는 사람은 그래서 강하다. 신중히 생각하는 와중에 자신을 돌아보기도 하고, 타인과의 관계를 개선하기도 한다. 고뇌를 통해 인간적으로 성장하는 것이다.

즉, 고민이 있다는 것은 자신을 마주할 기회를 얻었다는 뜻이다. "나는 무능하다"라고 말하는 사람에게는 가능성이 있다. 그러니 실컷 고민하라고 말하고 싶다.

만족하는 곳에 진보란 없다. 보다 높은 곳을 목표로 고난에 맞서자. 날 때부터 주어진 것을 남과 비교하는 일은 대체로 무의미한 경우가 많지만, 열등감을 동기부여 삼아 목표를 가꿔나가고 자신을 격려하면 그것은 '힘'이 된다.

자신의 고민과 결점을 자각했다면, 이제 한 걸음 크게 내딛자.

스스로 느끼는 것보다
당신은 더 괜찮은 상황입니다.
파랑새는 가까이 있어요.

"저는 너무 불행해요. 좋은 일이 하나도 없어요. 언제쯤 행복해질까요?"

이런 식으로 자신의 인생을 조금도 긍정적으로 보려 하지 않는 사람이 있다. 그런데 이상한 건 꼭 그런 이가 주변 사람들 보기에는 충분히 행복해 보인다는 것이다.

지인 중 어느 대기업에 다니는 사람은, 입을 열 때마다 자신이 그 회사에 취직한 것이 얼마나 잘못된 선택이었는지 끝도 없이 말한다.

겉으로 보기에는 안정적인 기업에 취직해 인정받으며 일하고, 괜찮은 연봉도 받고 있는데 말이다. 가정에 관해서도 집안이 제대로 굴러가지 않는다는 것을 넌지시 내비치며, 자신의 결혼이 잘못된 선택이었음을 호소한다.

벨기에 출신의 노벨문학상 수상 작가인 모리스 마테를링크의 동화《파랑새》에는 '틸틸'과 '미틸'이라는 남매가 행복을 상징하는 파랑새를 찾아 여러 나라를 돌아다니는 이야기가 담겨 있다. 결론부터 말하자면 파랑새는 매우 가까이에 있었다는 내용이다. 이에

빗대어 현재의 자신이나 일에는 흥미를 갖지 못하고, 미래의 막연한 행복만을 추구하는 것을 '파랑새 증후군'이라고 부른다. 이 병을 앓는 사람은 자신이 정말 하고 싶은 일은 따로 존재하는 것이 분명하며, 자신에게 어울리는 위치 역시 따로 있을 거라고 생각한다.

어렵게 공무원이 되거나 대기업에 입사해놓고도 금방 그만두고 이직을 반복하거나, 충분히 좋은 대학에 다니고 있는데도 편입이나 재입학 준비로 현재의 대학 생활을 즐기지 못하는 경우가 있다. 물론 한두 번은 시행착오라고 생각하면 그럴 수 있다. 그러나 습관적으로 자신이 머무는 곳에 만족하지 못한다면 큰 문제다.

지금의 현실에 안주하지 않고 이상을 추구하는 것 자체는 괜찮다. 그러나 시야가 좁아져서 충분히 괜찮은데도 불구하고 혼자만 자신의 상황을 왜곡해서 바라보고, 계속해서 불평만 늘어놓는 것은 아닐까.

지금의 처지에 만족하지 못하면 자신의 과거까지도 실패로 보인다. 스스로를 부정하는 꼴이 된다.

자신의 가능성을 차례차례 시험해보는 것도, 도가 지나치면 결국 수중에 아무것도 남지 않게 된다. 자

주 과거를 되돌아보고 후회하는 사람처럼, 앞일만 밤
낮으로 생각해서 지금 눈앞의 '파랑새'를 놓치는 사람
도 어리석다.

스스로 느끼는 것보다 당신은 더 행복하다. 그
러니 파랑새를 찾아 돌아다니는 것을 멈추고, 한곳에
자리를 잡아 현실을 쌓아 올려 단단한 미래를 만들어
가자. 이것이 어쩌면 행복으로 가는 가장 빠른 지름길
일지도 모른다.

싫은 일을 해낸 자신을
어린아이처럼 치켜세워보세요.
다 큰 어른에게도
칭찬은 필요합니다.

솔직히 말하면 나의 내면에는 남들은 상상도 할 수 없을 만큼 내향적인 성격이 있다. 모임까지 시간이 얼마 남지 않았는데, 갑자기 사람이 만나기 싫어져서 나가기까지 갈등하는 때도 있다.

이렇게 내가 싫어하는 성격이 문뜩문뜩 고개를 들면 자신을 타이른다.

"이러니저러니 해도 지난번에는 즐거웠잖아."

"가면 분명 뭔가 재미있는 일이 있을 거야."

"꼭 얼굴 좀 보자고 말했던 사람도 와 있어. 함께 이야기하는 것만으로도 괜찮지 않을까."

그리고 무사히 모임이 끝난 후에 "고생했어"라고 말하며 나를 칭찬해준다.

마치 말 안 듣는 아이를 달래고 치켜세우는 것처럼 보이는 행동이지만, 어른일지라도 자신을 제대로 칭찬하는 것은 필요하다. 칭찬으로 성장하는 것은 비단 아이만이 아니다.

원래 잘하는 것을 잘했을 때 말고도 싫은 것을 극복했을 때도 자신을 칭찬해보자. 그렇게 하면 다음에는 조금 덜 힘들지도 모른다. 그리고 머지않아 주위 사람들이 먼저 알아주고 칭찬해준다.

스무 살의 얼굴은
자연의 선물이고
쉰 살의 얼굴은
살아온 역사를 말해줍니다.

여자든 남자든 '예뻐지고 싶다' '멋있어지고 싶다'라며 고민하는 것은 자연스러운 일이다.

최근에는 쁘띠 성형이 유행인데 신경이 쓰이는 부분을 약간 손보는 수술을 말한다. 그 외에도 본격적인 성형수술을 하는 사람도 적지 않다.

성형수술 이후에 밝고 긍정적으로 마음가짐이 바뀌었다고 하는 이들이 많다. 모든 수술에는 어느 정도의 리스크가 포함되는 것은 사실이지만, 이를 통해 자신감을 가질 수 있다면 좋은 일이라고 생각한다.

다만 내성적인 성격의 사람이 무턱대고 자신감을 갖기 위해 성형을 해서는 안 된다. 특정 부위에 대한 아쉬움으로 수술하는 것이 아닌, 자신의 본질을 개선하고 싶다는 내면적인 욕구를 수술로 실현해버리면 반드시 곤란한 일이 생긴다.

수술 후의 인상은 자신이 생각했던 것과 다를 수 있다. 주변의 반응 또한 각양각색일 것이다. 그러면 또 마음이 안정되지 않는다. 그다음 수술을 바로 생각할지도 모른다.

이런 사람은 먼저 '좋은 얼굴'을 만들기 위한 노

력을 시작하자. 의사로서 많은 사람을 만나온 내가 느끼기에 용모란, '마음가짐'과 '교양' 그리고 '생김새'로 구성돼 있다. 생김새를 가꾸는 것이 성형이다. 미인은 될 수 있을지 몰라도 좋은 얼굴이 되기 위해서는 안정된 마음과 갈고닦은 교양이 필요하다. 이는 남녀노소 마찬가지다.

프랑스 출신의 유명 패션디자이너 코코 샤넬은 이런 말을 했다.

"스무 살의 얼굴은 자연의 선물이며, 쉰 살의 얼굴은 당신의 공적이다."

누구든 젊을 때의 얼굴은 아름답다. 아무것도 하지 않아도 피부는 윤기 있게 빛나고 온몸에서 에너지가 넘친다. 그야말로 젊음의 특권이다. 다만 아쉬운 것은, 이렇게 젊을 때는 자기 본연의 아름다움에 눈을 돌리지 않는다는 점이다.

쉰 살이 되면 확실히 '좋은 얼굴을 하고 있다'는 생각이 드는 사람이 보인다.

여기에서 말하는 좋은 얼굴이란, 좋은 표정이다. 그 사람의 역사가 얼굴에 드러나는 것이다. 단순히 열심히 일해서 지위와 명예를 얻고, 돈을 많이 버는 것만을 의미하지 않는다.

물론 좋아하는 직업을 가지고 인생을 충실하게 보내는 것도 중요하지만, 돈이 되지 않더라도 기꺼이 즐기는 '놀이'를 가지고 있는 것 또한 중요하다.

그저 일만 하다가는 딱딱하게 굳은 얼굴이 된다. 반대로 놀기만 하다가는 무기력하고 초라한 얼굴이 되고 만다. 매일 거울을 보면 자신의 얼굴에서 뭔가 문득 떠오르는 것이 있을 것이다. 그런 것들은 조금씩 쌓이기 마련이다.

젊었을 때 그저 외모만 열심히 가꾼다고 해서, 나이가 들면 무조건 '좋은 얼굴'이 되는 것은 아니다. 열심히 일하고 열심히 노는 것. 좋은 일과 좋은 놀이의 적당한 균형이 좋은 얼굴을 만드는 비결이다.

물론 몇 살부터 시작하든 늦지 않다.

'옛날이 좋았지'란 말로
과거에 머물기보다,
바로 지금부터의 시간을 꾸려가세요.

사람은 지금 처해 있는 상황이 괴로우면 자신도 모르게 과거를 회상하게 된다.

'예전의 나는 생기가 돌았지.'

'그때는 누구와도 잘 지냈고 인간관계로 힘들었던 적은 없었는데….'

이런 식으로 과거의 좋았던 추억을 돌아보고 그리워한다.

이런 회상 후에 그 시절의 자신으로 되돌아가보자는 의욕이 생긴다면 좋은 일이다. 하지만 그저 현실도피의 수단으로 과거의 좋았던 날을 되돌아보는 사람도 적지 않다. 이런 경우 현실의 어려움에 직면할 때마다 받아들이지 못하고 과거로 도망쳐버리면, 결국 상황은 조금도 개선되지 않는다.

하지만 정말 '그 시절'에는 매일 좋은 일밖에 없었을까? 스스로 되물어봤으면 한다. 곰곰이 생각해보면 별로 기억하고 싶지 않은 일도 적잖이 있었으리라.

사람은 과거를 미화한다고 흔히들 말한다. 조금 기뻤던 일을 엄청나게 기뻤던 일로 생각하거나, 실제로는 싫었던 일까지도 어떻게든 좋게 해석해서 좋았던 일로 만들어버린다. 즉, 지금 회상하고 있는 과거가 반드시 모두 사실은 아닐 수도 있다는 것이다. 왜곡된 기억을 추억하고 있지는 않은지 점검해볼 필요가 있다.

가끔 과거를 되돌아보고 그리워하는 것 자체가 나쁘다는 말은 아니다. 그러나 과거에만 푹 빠져서 현실에서는 아무것도 못 하고 있는 것은 문제가 된다.

단지 잊고 있었을 뿐, 사실 과거에도 안 좋았던 일이 많았던 거라면, 지금의 좋지 않은 일도 머지않아 잊어버리게 될 것이다. 어쩌면 지금의 이 괴로운 일들도 나중에 돌이켜보면 어떤 면에서는 좋았다는 생각이 들지도 모른다.

그러니 지금 이 순간의 작은 기쁨들을 소중히 해보면 어떨까? 언젠가는 커다란 기쁨이었다고 생각하게 되리라.

그러나 뭘 해도 좋았던 시절만 떠올라서 괴로운 기분도 모르지는 않는다. 과거의 영광에서 벗어나지 못하는 사람들에게는 다음과 같은 메시지를 꼭 전하고 싶다.

"지금부터 시작되는 당신의 시간은
전부 당신의 미래이다.
반드시 스스로의 힘으로 바꿀 수 있다.
불행하기만 한 인생 같은 건 없다."

나에게 상냥해지기 : 자기돌봄의 습관

나라는 사람 하는 정도는
영원한 내 편으로 만들어둡시다.

"남들이 하고 있는 일이 신경쓰여서 견딜 수가 없어요."

"다른 사람이 나를 어떻게 생각하는지 신경이 쓰여요."

이런 말이 절로 나오는 상태에서 헤어나오지 못할 때가 있다. 누군가 마치 나를 계속 지켜보며 평가하는 것처럼 느껴지거나, 막연하게 남들이 하는 일에 부러움을 느끼기도 한다.

'상사가 나를 인정해주고 있기는 할까?'

'주위 사람들은 나를 능력 있는 사람이라고 생각할까?'

'왜 그 일을 내가 아니라 저 사람이 맡았을까?'

'저 사람이 하는 일이 내가 하는 일보다 재미있어 보여.'

이런 생각을 하는 것은 스스로에게 자신이 없기 때문이다. 여기서 더 자신감이 떨어지면, 우울해지고 점점 의욕을 잃게 된다.

심지어 '어차피 이런 기획을 내봤자 무시당할 뿐이겠지' '이 제안은 통과되지 않겠지'라며 자신의 판단보다 남의 평가를 우선시해서, 스스로의 행동에 브레이크를 걸기도 한다. 이 또한 자신을 비하의 눈으로 보는 행동이다.

이렇게 마음이 한없이 작아지는 것은 정말 큰일인데 해결 방법은 의외로 간단하다. 우선 쓸데없는 생각은 접어두고 '지금 할 수 있는 일, 나에게 주어진 일, 하고 싶은 일'을 확실하게 정하는 것이다.

그리고 나에 대한 평가는 스스로 내리는 것이라고 납득시켜보자.

'우선 내가 좋다고 생각하면 된 거 아닌가?'

이런 식으로 적당히 자기 합리화를 한다. 사람은 남들만 신경쓰고 살다보면 원래의 자신을 잃어버리게 된다.

자신이 해야 할 일, 하고 싶은 일이 무엇인지 모르게 돼버린다. 머지않아 그것이 태도에 나타나, 안절부절못하거나 비굴해진다.

그러니까 남들 따위 아무래도 좋다고 생각하는 편이 정신건강에는 훨씬 이롭다. 사회적으로 큰 문제를 일으키는 위험한 생각이 아니라면, 자신의 제안을 응원해보자. 나라는 사람 하나 정도는 영원한 내 편으로 만들어두는 것이다.

남을 신경쓰는 것은 분명 지지 않으려는 마음이 있고, 일을 성공적으로 이끌고 싶기 때문일 것이다. 이는 그 자체로 에너지가 되기도 한다. 그러나 자칫 '지는 것에 대한 공포'와의 싸움이 돼버리면 마음의 여유가 없어지고, 계속 긴장 상태에 놓이는 동안 몸도 마음도 완전히 지쳐버린다.

남과 비교해서 자기 결점에 대해 곱씹는 것도 정도껏이다. 인생을 밝게 살아가기 위해서는 자신을 긍정적으로 보는 것이 중요하다.

스스로를 믿고 편안하게 있으면 실력도 발휘할 수 있다. 현실을 즐기고자 하는 자세가 있으면, 즐거움을 찾게 된다. 그러다보면 좋아하는 일도 더욱 발견되고 자신감이 생긴다.

사람과의 경쟁만큼 보잘것없는 것은 없다. 각자의 인생에 타인과의 비교는 필요 없다.

진짜 문제인지
상상력을 동원한 추측인지는
구별할 필요가 있어요.

나의 고민은 아주 무겁고 중대해 보이는데, 희한하게 남의 고민은 '왜 그런 걸로 고민하는 거지?' 하며 의아한 생각이 든 적은 없는가.

바로 여기에 긍정적인 삶을 위한 힌트가 숨어 있다.

어떤 남자 이야기를 해볼까 한다. 그는 자신이 한 번 이혼한 것을 마음의 짐으로 여기고 있다.

'나는 결혼에 실패했고 헤어진 전 아내가 있다.'

항상 이를 의식하고 있기 때문에, 지금 교제 중인 여자친구에게도 미안한 마음뿐이다.

여자친구는 그보다 훨씬 젊고, 다른 좋은 남자와 결혼할 기회가 얼마든지 있다고 생각한다. 남자는 고민한다.

'정말 이 사람은 나로 괜찮은 걸까? 아무렇지 않은 얼굴을 하고 있긴 하지만, 실은 헤어진 아내를 신경 쓰고 있는 것은 아닐까?'

하지만 정작 여자친구와 이야기를 해보면 그런 것에 전혀 개의치 않아 한다. 요즘 세상에 이혼한 사람이 드문 것도 아니고, 이혼남과 결혼한 친구도 꽤 있다며 아무렇지 않게 말한다.

결국 고민이란 본인의 아집일 뿐이다. 그는 이혼을 인생의 좌절이라 생각하지만 여자친구 쪽은 조금도 그렇게 생각하지 않는다. 즉, 여자친구에게 아무것도 미안해할 필요가 없고 부담을 가질 필요도 없다.

그의 고민은 혼자만의 상상으로 시작된 공상과 망상에 지나지 않는 것이다.

혹시 당신의 고민도 제대로 짚어보면 이런 공상에 불과한 것은 아닌지 생각해볼 필요가 있다. 정작 현실에서는 아직 난처한 일은 아무것도 일어나지 않았는데, 멋대로 이것저것 예측해서 걱정하는 것은 아닐까? 혹은 지레짐작한 상대의 기분에 맞춰 고민하는 것은 아닐까?

고민이 있다면 한번 상대에게 털어놓아보자. 그 자체로도 속이 후련해진다.

막상 이야기를 하다보면 '다들 그렇구나' '이런 건 전혀 신경쓰고 있지 않구나' 하는 일이 의외로 적지 않다. 사람으로 태어난 이상, 당신과 마찬가지로 모두가 별 고민 같지도 않은 자신의 문제로 괴로워하고 있을 뿐이다.

주위 사람들의 고민이 당신에게 별것 아니듯, 당신의 고민도 주위 사람이 듣기에는 대수롭지 않은 것일 확률이 높다.

그렇게 생각하면 '상대가 이럴 것이다'라는 추측으로 시작하는 전전긍긍하는 마음가짐도 꽤 바뀌지 않을까.

나에게 상냥해지기 : 자기돌봄의 습관

누구나 가끔은 사람을 만나기 전에 불안에 휩싸이고, 상대가 눈앞에 있으면 가슴이 뛰어 말을 잘 할 수 없는 경우가 있다. 원래 말하려고 했던 것을 잊어버리기도 한다. 이러면 안 된다고 자책하다가 더욱 횡설수설하고 만다.

이런 일이 자주 있으면 사람을 만나는 것이 귀찮고 성가셔진다. 그러면서도 한편으로 조금 더 사교적인 성격이 되어야 한다는 의무감 같은 게 생겨서 괴로워하게 된다.

그러다가 점점 모임에 나가지 않게 되고 이야기를 섞는 것조차 서툴러지기도 한다. 이럴 때는 좋은 방법이 있다.

사교성이 좋은 사람은 상대와의 이야깃거리를 찾을 수 없는 경우, 우선 저쪽에서 하는 말을 5분 정도 가만히 들어준다. 이야기하는 쪽이 신이 나서 말을 더 이어가기라도 하면 계속해서 더 들어주는 역할을 맡는다. 그리고 상대를 대강 이해하고 난 후에 대화에 참여하는 것이다. 이렇게 하면 말이 통하지 않거나 어색해지는 일이 적다. 그렇게 어찌어찌 공통의 화제를 찾게 되면, 이를 활용해 관계를 안정되게 만든다.

　다만 이것은 인간관계의 대처가 수준급인 사람의 방법일 것이다. 타인과 좀처럼 잘 어울리지 못하는 사람은, 굳이 말하자면 예민하고 내향적인 성격을 가진 것이 특징이다. 특히 젊으면 젊을수록 아직 세상을 모르고 인생 경험이 적기 때문에, 사람을 대할 때 불안과 두려움을 느끼게 된다.

　냉정하게 들릴 수도 있겠지만 그렇다고 해서 두려움을 느끼고 마음을 닫아버리면, 소통할 수 있는 사람은 점점 사라져버린다. 때문에 횡설수설이라도 어떻게든 이야기를 하고 들으려고 애쓰다보면 때로는 창피를 당하거나 기분이 상하는 일도 있겠지만, 받아주는 상대도 적지 않게 존재함을 발견할 것이다.

　가령 실패하더라도 '그 사람과는 안 맞나 보네'라고 아무렇지 않게 생각했으면 한다. 당신의 시도가 틀린 것이 아니라 그 사람과 결이 다른 것뿐이다. 그리고 세상에는 분명히 이야기가 통하는 사람도 많다. 이런 '내 편'을 만들기 위해서는 사람들 앞에서 얼굴이 붉어지거나 당황하는 자신을 싫어하지 말고, 곧 좋아질 거라고 응원해주는 것이 중요하다.

인간관계에 능숙해지는 것은 결코 어렵지 않다. 좀 더 용기와 끈기를 가지고, 서두르지 말고 편하게 노력을 계속해보자.

말주변이 좋은 사람보다
경청을 잘 해주는 사람에게
더 호감이 갑니다.

말주변이 없고 대화하는 것이 서툰 것에 대해 조금 더 이야기해보자. 내성적인 사람은 '하고 싶은 말을 제대로 전하지 못해서 남을 짜증나게 만들어버리는 것'이 콤플렉스가 되어 '상대가 오해할 바에는 차라리 말을 하지 않는 편이 낫지'라며 입을 다물기도 한다.

하지만 너무 고민할 필요는 없다. 예를 들어 영업직에서는 뛰어난 언변으로 거래처를 자신의 페이스에 말려들게 하는 사람을 유능하게 여긴다. 그런데 한편으로 그런 사람들은 말솜씨가 너무 좋아 오히려 상대에게 불신과 경계심을 주게 되어, 관계가 어긋나는 일도 적지 않다.

개인적인 의견이지만 인간관계에서 외향적이고 말주변이 뛰어난 사람이 처음에는 좋은 성적을 올리지만, 시간이 지날수록 내성적이고 말주변이 없는 사람과 사이가 더 깊어지는 듯하다.

사람은 자신이 원하는 것이나 생각하고 있는 것들을 끌어내 소중히 여겨주는 이를 신뢰한다. 내성적이고 말주변이 없는 사람은 아첨이나 입에 발린 말을 못하기 때문에, 상대의 마음을 얻으려고 진심으로 노력한다. 말이 적은 만큼 하나하나에 무게가 있으며, 그렇게 서로를 알아가다보면 상대에게 진심을 전할 수 있게 된다. 그렇게 쌓이는 시간이 계속되면, 경청을 잘 하는 사람이 결실을 맺는 때가 온다.

한편 말솜씨가 좋고 밝은 사람은 자신의 화제에 의존하는 경향이 있다. 이렇게 되면 상대방이 원하거나 생각하는 것을 끌어내지 못해서 경청의 기회를 만들기 어렵기도 하고, 경청을 제대로 하지 못하게 될 수도 있다. 듣다가도 얼른 말을 끊고 자신의 이야기를 이어가고 싶다는 욕망이 일기 때문이다.

그러니까 말주변이 없는 사람은, 굳이 능숙하게 말하는 사람을 따라 하려고 하지 않아도 된다.

기업의 리더들 중에 입담이 좋은 사람도 있지만, 더듬더듬 말하는 사람도 의외로 많다. 이런 사람들이 경청을 잘하는 타입이다. 사람은 유려하게 말하는 사람이 아니라 자신의 이야기를 잘 들어주는 사람에게 호감을 갖는 법이다.

경청을 잘하는 사람이 되는 요령은 천천히 말하고 천천히 듣는 것이다. 특히 중요한 것은 진심을 전하는 자세다. 적절하게 맞장구를 치면서, 잘 듣고 있다는 동작을 해보자.

　예를 들어 감동적이거나 슬픈 이야기에는 눈을 감고 깊이 고개를 끄덕인다거나, 고개를 숙이거나, 상대방의 눈을 바라보거나 하며 감정을 전달한다. 또 상대의 이야기가 막히면 "그래서요?" 하며 이야기를 이끌어본다. 그리고 다시 말을 꺼낼 때까지 느긋하게 기다린다. 혹시 이야기 중간에 침묵의 시간이 생기면 그동안의 이야기를 요약해본다.

　말주변이 없어도 상대의 이야기를 차분하게 잘 들어줄 수만 있으면, 충분히 외롭지 않게 세상을 살아갈 수 있다. 내성적인 성향을 경청이라는 기술로 바꾸면 이 또한 커다란 힘이 된다. '나는 안 돼' 하고 비하할 필요는 없다.

거절하는 기분은
의외로 상쾌합니다.
최대한 빨리, 직접,
확실하게 전합시다.

원래라면 거절해야 하는 일인데도 상대의 강요에 의해, 혹은 여러 가지 얽힌 관계로 인해 도저히 거절하지 못하는 경우가 있다.

특히 인간관계를 걱정하기 때문에 결단을 내리지 못하는 때가 많다. 상대에게 불이익이 생기고, 그로 인해 사이가 나빠지지나 않을까 하는 걱정 때문이다.

하지만 이로 인해 거절하는 것을 단념하게 되면 대개 후회하는 결과를 초래한다. 어떤 일을 거절했을 때 상대가 불이익을 받는 것이 사실이라면, 거절하지 않았을 때 불이익을 받는 것은 누굴까? 바로 당신이다. 이런 상황에서는 조금 더 자기중심적으로 생각해도 괜찮다. 물론 당신이 부탁을 들어주면 상대는 기뻐하겠지만, 나를 아끼는 것도 결코 잊어서는 안 된다.

인간관계는 윈윈 전략(win-win strategy, 두 기업이 함께 이익을 얻고자 하는 경영 전략-옮긴이)이 이상적이다. 다만 거절과 관련해서 윈윈은 어렵다. 분명히 어느 한쪽이 불이익을 받는다. 문제는 그것이 자신이냐 상대이냐이다.

자신이 당장 불이익을 받는 경우, 장기적으로는

이익을 얻으리라는 전망이 있어야 한다.

그러니 상대방이 불이익을 받는 경우도 마찬가지로 생각하고 행동하면 된다. 이번에는 상대방에게 불이익을 넘기고, 다른 기회에 내가 도움이 되는 일을 해주는 것. 그렇게 하면 관계는 쉽게 나빠지지 않는다.

다만 거절을 할 때 굳이 앞으로의 일을 약속하며 입 밖으로 꺼낼 필요는 없다. 그러는 사이 오히려 거절한 쪽에서 빚을 졌다는 마음이 된다. 상대는 자신이 은혜를 베풀었다고 오해한다. 그러다 또 무리한 부탁을 해오기라도 하면 이번에는 정말로 거절하기가 어려워진다.

그러니 거절을 할 때는 산뜻하게 해도 된다. 입장을 확실하게 전하되 과하게 구구절절 이야기할 필요는 없다. 걱정하지 않아도 된다. 이렇게 하면 상대도 그렇게 기분 나빠 하지는 않는다. 오히려 빠르게 거절을 해야 상대도 다른 사람에게 부탁하는 경우의 수를 생각한다. 그러니 거절을 할 거라면 최대한 빨리, 직접, 확실하게 하는 것이 좋다.

상대의 기분이 상하는 이유는 거절하는 방법이

나쁘기 때문이다. 괜히 대답을 하는 데 시간이 오래 걸리면, 혹은 애매하게 대꾸하면 상대는 기대를 하게 된다. 성급한 성격의 사람이라면, 받아줄 수 있다고 생각하고 벌써 움직이기 시작하고 있을지도 모른다. 그러한 상황에서 거절을 당하면 기분 나빠 하는 것은 당연하다.

또한 다른 사람을 통하거나 문자메시지 같은 것으로 거절하면, 상대는 답답해하거나 왜 직접 말하지 않는지에 대해 불쾌하게 생각한다.

그러니 당장은 거절하는 것이 다소 상황을 어색하게 만들지라도, 반드시 거절해야 할 일은 거절하자.

혹시 거절해야 하는 일이 있는데 끙끙대고 있는 사람이라면, 거절했을 때의 기분을 상상해보자. 그 쾌감과 상쾌함, 시원함을 맛볼 수 있다고 생각하면 거절할 용기가 생기지 않는가. 타인의 상황으로 인해 답답한 시간을 보내지 말자.

빨리 거절하는 것이야말로 자신에게도 상대에게도 도움이 된다.

남의 생각이
신경쓰여 불안할 때는
먼저 말을 꺼내보세요.

타인의 아무것도 아닌 말 한마디에 상처받는 사람이 있다.

"컴퓨터 샀구나? 좋겠다. 몇 대째였지?"란 말에 '저 사람은 나를 건방지다고 생각하고 있을 거야. 그렇게 여러 대를 가지고 있을 필요는 없다고 생각하고 있을 게 분명해. 날 싫어할 거야' 하며 침울해진다.

혹은 그저 남의 시선을 느꼈을 뿐인데 '나 어딘가 이상한 게 분명해. 패션 센스가 별로인가? 아니면 이 자리에 있는 것 자체가 어울리지 않는 건지도 몰라' 하고 그게 정말인 양 믿어버린다.

타인이 대수롭지 않게 던진 한마디가 가슴에 비수처럼 꽂힌 경험은 누구나 있겠지만, 뭐든 툭하면 상처를 입는 사람은 이른바 피해망상의 경향이 있는 것이다.

아무리 상냥한 사람이라도 너무 자주 상처받는 사람의 마음까지는 일일이 상상해서 대할 수 없다. '무슨 말을 해도 상처받는 사람이구나' 하고 생각해서 편하게 지내지 못한다. 그러면 상처를 잘 받는 사람은 주위로부터 손 대면 '툭' 하고 깨질 것 같은 유리잔과 같이 조심스럽게 대해지는데, 그러면 또 '아무도 나와 마음을 터놓으려 하지 않는다'며 더욱 우울해한다.

이런 사람은 '왜 나는 상처받았다고 느낄까'를 냉정하게 고민해서, 자신이 얽매여 있는 생각이 사실은 근거 없는 편견이라고 인식해야 한다. 하지만 그 이전에 본인의 행동에 더 자신을 가졌으면 한다.

컴퓨터를 살 만한 여유가 있고, 갖고 싶기 때문에 샀으니 남이야 어떻게 생각하든 상관없는 것이다. 또 주위의 시선을 느낀다고 해도, 사실 내가 생각하는 만큼 주위 사람들은 나를 주목하고 있지도 않을뿐더러, 용모나 옷차림이 어떻든 나는 그 자리에 있을 필요가 있기 때문에 있는 것이니 자신감을 가져도 좋다는 이야기다.

하지만 간단하게 당당한 태도로 바뀔 수 있다면 고생하는 사람은 없으리라. 이럴 때는 앞서 언급한 콤플렉스 극복법이 도움이 된다. '남들이 날 이렇게 생각하면 어쩌지' 하는 게 걱정이라면, 남들이 그런 말을 하기 전에 먼저 말해버리는 것이다.

자신의 불안을 말로 표현함으로써, 남들의 마음

에 대해 의심암귀(疑心暗鬼, 의심을 품으면 없던 귀신도 생긴다는 뜻-옮긴이)가 되는 일은 없어진다. '날 혹시 이렇게 생각하고 있어? 뭐, 그렇게 생각해도 괜찮아. 나 역시 그렇게 생각하고 있으니까' 하며 공공연하게 대담한 태도를 취할 수 있다.

쉽게 상처받는 사람은 남들이 자신을 어떻게 생각하는지를 항상 걱정한다. 그 근심을 마음에 담고 있으니, 남들에게 지적당하면 '역시 다들 그렇게 생각했구나' '아픈 데를 찔렸다'며 더욱 상처받는다.

'말하지 않아도 알고 있다'는 것을 드러내면 즉, 스스로 먼저 자신의 아픈 곳을 찔러버리면, 굉장히 편해진다.

그리고 스스로 그렇게 말해버리면, 의외로 상대방도 그것에 대해 이러쿵저러쿵 말하지 않게 된다.

사람에게 상처받았다면,
사실은 내가 생각했던 것만큼의
관계는 아니었을지도 몰라요.

누군가에게 배신당했을 때만큼 가슴 아픈 일은 없다. 특히 자신이 신뢰했던 사람으로부터 배신당했을 때는 더욱 그렇다. 하지만 그럴 때는 좀 냉정해져서 '그 사람은 정말 믿을 만한 사람이었던 걸까' 하고 생각해보기를 바란다.

인간이란 제멋대로인 존재여서 자신이 상대를 좋아하는 만큼 상대도 자신을 좋아해주기를 바란다. 실제로 상대는 그 정도의 깊은 관계를 요구하지 않았는데도 불구하고, 일방적인 생각으로 서로 긴밀한 관계가 성립했다고 믿는다.

그러니 남한테 배신당했다는 생각이 들어 분할 때는, 혼자서 상대에게 너무 큰 기대나 호의를 강요하고 있었던 건 아닌지 자신의 책임 여부 또한 의심해보는 것이 좋다.

멋대로 상대방 역시 깊은 관계로 생각하고 있을 것이라 과신했기 때문에, 배신감을 느꼈을 때의 상처가 큰 것이다.

서로 신뢰 관계로 연결돼 있는 것처럼 보여도,

실은 자신의 바람이 일방적으로 너무 강했던 것뿐이고, 객관적으로 그 정도의 사이는 아니었다고 생각하면 마음도 조금은 가벼워진다.

사람과의 이상적인 교류를 할 수 있는 거리란, 멀지도 가깝지도 않은 거리가 아닐까 한다. 사람 사이에 '배려'하는 마음이 없으면 관계가 잘 풀리지 않을 것이고, 그렇다고 '간섭'이 지나쳐도 문제가 된다.

철학자 쇼펜하우어의 우화에는, 추위에 얼어붙은 한 쌍의 호저(뻣뻣한 가시털이 난 쥐와 비슷하게 생긴 포유류-옮긴이)가 서로 몸을 가까이해 체온을 나눈다는 이야기가 나온다.

둘은 부둥켜안으면 서로의 몸에 난 가시에 찔려버리고, 떨어져 있으면 추위에 견디기 힘들다. 이러한 행위를 반복하는 사이에, 서로에게 상처내지 않으면서도 어느 정도 온기를 나눌 수 있는 거리를 찾아낸다는 내용이다.

사람 사이도 마찬가지다. 너무 멀지도 가깝지도

않은 것이 제일이다. 이를 잊지 말고 인간관계를 조금
더 편하게 받아들일 수 있게 되면, 남에게 배신당했다
고 해서 상처받는 일도 줄어든다.

친구에게는
높은 이상이나 바람이 아닌
배려를 가져보세요.

믿을 만한 친구가 좀처럼 생기지 않아서 걱정이라면, 고민하기 전에 주위를 잘 둘러보기를 바란다.

사실, 자세히 살펴보면 누군가 한 명 정도는 당신의 마음을 알아주고 이야기할 만한 사람이 있다. 그저 가까운 사람 중에 자신의 감정을 이해할 수 있는 이가 없다고 큰 착각을 하는 것은 아닐까.

그런데도 계속 '마음을 터놓을 사람이 없다'고 생각하는 사람은, '친구라면 이래야만 한다'는 높은 이상이나 바람을 갖고 있는 것일지도 모른다.

친구란, 모든 순간에 당신이 바라는 방식대로 대해주지는 못해도, 자신이 필요한 일이 생기면 힘을 기꺼이 빌려주려고 한다. 친구란 그런 것이다.

물론 진정으로 신뢰할 수 있는 친한 친구는 쉽게 얻어지는 것이 아니다. 그저 아는 사이나 지인은 될 수 있어도, 진짜 친구가 될 수 있는 이는 한정적이다.

그렇다면 친한 친구를 사귀기 위해, 내가 먼저 손을 내밀어보는 것은 어떨까. 인생에는 숱한 만남이 있고 친구를 얻을 기회는 많다. 당장 학창 시절을 생각해봐도 그야말로 셀 수 없을 만큼의 만남을 경험해왔을 것이다.

하지만 그중에서 신뢰할 수 있는 친구가 되는 것은 소수다. 만일 학창 시절에도 딱히 친한 친구를 갖지 못했다면, 어느 정도는 당신의 책임이다. 상대에게 손을 내미는 노력이나 용기가 부족했기 때문이다.

친구란, 정원의 잡초처럼 아무것도 하지 않고 그냥 둔다고 저절로 생기는 것이 아니다. 스스로 밭에 씨를 뿌리고 물을 주고 비료를 주지 않으면 자라지 않는다. 즉, 친구를 얻기 위해서는 먼저 어떻게 해야 할지 생각하고 행동해야 한다.

그저 멀뚱거리며 가만히 있어도 상대방이 애정이나 배려를 베풀 거라고 생각해서는 안 된다.

자신만의 틀에 갇혀 있으면 친구는 절대로 얻을 수 없다. 아무런 행동을 하지 않아도 누군가 어깨를 다정하게 두드려줄 거라고 기대하는 것은, 자기중심적이고 뻔뻔한 이야기일 뿐이다.

그렇다면 구체적으로 어떻게 해야 할까. 일단 만남을 위해 밖으로 나가는 것이다.

동호회나 동아리, 스포츠 클럽이나 문화센터 강

좌를 다니는 것도 좋고, 술자리에 초대받으면 되도록 참석한다. 이렇게 여러 기회를 놓치지 말고, 몇 번이고 밖으로 나가서 조금이라도 더 많은 사람과 이야기를 나누는 것이다. 그리고 상대가 말을 걸어오면 최대한 정중하게 대응한다. 그렇게 해서 다소 소극적인 성격의 사람이라도 조금씩 자신을 바꿔본다.

능숙한 의사소통의 비결은 하고 싶은 말이 10만큼 있어도 5 정도에서 줄이고, 그만큼 상대의 이야기에 귀를 기울이는 것이다.

신뢰할 수 있는 친구를 얻기 위해서는 항상 남을 배려하자. 이것을 잊지 않는다면 머지않아 당신 주위에는 가까운 친구들이 많이 생겨날 것이다.

화를 내야 할 때
솔직하게 드러내면,
기분이 좋아지고
기력도 솟아납니다.

사람은 정신적 혹은 물리적 공격을 받거나, 불만족스러운 대우를 받으면 분노를 느낀다.

그때 보이는 반응은 성격에 따라 다르고, 상대방이 누구이고 어떤 상황과 장소인지에 따라서도 다르다. 그 자리에서 바로 감정이 폭발해버리는 사람은 이른바 '욱하는 유형'이다. 반대로 분노를 안에 쌓아두고 적의를 계속 품고 있다가 후에 보복하는 타입도 있다. '앙심을 품는 유형'이다.

또 다른 타입의 사람은 분노를 느껴도 그 자리에서 화내지 않고, 화를 마음속에 묻어둔다. 그렇다고 해서 앙심을 품는 것과는 다르다. 그냥 참는 것이다.

그러면서 '책임은 나에게도 있다'고 생각한다. 그리고 잊어버리려고 한다.

이른바 '자신을 억누르는 유형'인데, 만약 당신이 '싫다'는 감정을 이러한 자책하는 마음과 함께, 억지로 눌러 드러나지 않게 하고 있다면 문제다.

분노는 그런 식으로 처리할 수 있는 게 아니다. 이렇게 눌러버린 분노는 사라지지 않고 무의식으로 가라앉을 뿐이다. 발산되지 못한 상태로 가슴에 쌓여 큰

어울리고 기대고 받아들이기 : 건강한 인간관계

스트레스로 자라난다. 그리고 그것이 계속되면 우울증으로 번질 가능성도 높아진다.

이런 사람은 분노를 잘 해소하는 방법을 모르는 것도 있겠지만, 한편으로 '감정을 드러내지 않는 편이 좋다'는 인식이 있는 건 아닐까. 그런 생각에 얽매여 있으면, 감정을 억제하는 패턴이 생겨버려서 화를 내야 할 때도 내지 못하게 된다.

물론 너무 자주 감정을 솔직하게 드러내면, 경우에 따라서는 꼴사납게 보일 수도 있다.

하지만 평소에 누가 봐도 참을성 있는 당신이 내는 화라면, 주변 사람들도 이상하게 보지는 않을 것이다. 오히려 '그 사람이 화를 낼 정도라면 그럴 만한 이유가 있겠지' 하고 수긍하리라.

물론 무작정 화를 내고 살라는 말은 아니다. 참을 수 없는 오해나 불합리한 대우를 받았을 때는 화를 내는 것이 좋다는 뜻이다.

정신과에서는 '표현적 요법'이라고 하는, 마음에 쌓인 분노와 울분을 밖으로 나오게 해 마치 가스처럼 빼내는 치료법이 있다. 감정을 충분히 표현하며 내

뿜을수록 기분이 좋아질 뿐만 아니라 기력도 솟아나고, 자신의 의견을 말하고 싶은 기분이 드는 것이다.

우선은 평소에 자신의 감정이나 말하고 싶은 것을 꺼리지 말고, 조금씩이나마 드러내는 연습을 해보자. 이런 훈련을 계속하다보면 부정적인 감정을 마음에 쌓아두고 괴로워하는 일도 줄어든다.

용서하는 사람은 용서받습니다.
사랑하는 사람은 사랑받습니다.

남에게 책망을 받는 것 같아 견디기 힘들거나, 주위 사람들이 나를 비난하는 것 같아서 우울하다면 다음 사항을 확인해보기 바란다.

모두에게 책망받고 있는 당신은, 반대로 평소에 모두를 책망하는 경향이 강하지는 않은가. 타인의 사소한 단점에 민감하게 반응하며 마음속으로 멀리하고 있지는 않은가.

"나는 누구에게도 호감을 얻지 못해"라며 고민하는 사람이 있다. 하지만 그의 말을 들어보니, 그에게는 주변에 좋다고 느끼는 사람이 없었다.

'저 사람은 저래서 싫어, 이 사람은 이런 부분이 싫어' 하며, 싫은 사람투성이인 것이다.

이래서는 자신 또한 남에게 호감을 얻지 못한다. 사람들이 그를 좋아하지 않는 것이 아니라, 그가 사람들을 좋아하지 않는 것이다.

왕따가 아니라 자신이 스스로 세상을 따돌리는 격이다. 본인은 세상이 자신을 따돌린다고 느끼겠지만 말이다.

남에게 매우 엄격하고 비판적인 사람도 있는데, 이런 사람은 장기적으로 자기 자신이 더 괴로워지는 상황에 처한다.

예를 들어 "저 사람의 업무 방식은 효율적이지 않아"하며 공공연하게 비난했다고 하자.

그러면 비난한 사람은 더 이상 저 업무 방식으로는 일을 할 수 없게 된다. 만약 언젠가 꼭 저 방식으로 해야만 하는 일이 생겨도, 자신이 비난한 것이 있어서 시도하기가 어려울 것이다.

또 "남자는 이래야 한다. 저런 녀석은 남자가 아니다"라며 누군가를 비난한 남자가 있다고 하자. 그러면 자신도 항상 그러한 남성상을 유지하지 않으면 안 된다. 그렇지 않으면 주변 사람들에게 '저런 사람은 남자도 아니지'란 말을 들을 것만 같다. '~여야만 한다, ~하지 않으면 안 된다'고 생각하는 것들이 많을수록, 스스로에게 내는 숙제도 많아진다. 불필요하게 엄격해질 뿐이다. 다른 사람을 향해 내뱉은 비난의 말이 자기 자신까지 가두는 것이다.

결국 인간관계라는 것은 피차 매한가지다. 사람

에게 다정하게 대하면, 상대도 다정하게 대해준다. 용서하는 사람은 용서받는다. 사랑하는 사람은 사랑받는다. 세상은 그렇게 만들어져 있다.

대단해 보이는 타인도
열등감과 자존심 사이에서 방황하는
평범한 사람일 뿐입니다.

내가 청년이었던 시절은 다들 애인 같은 것은 없이, 중매결혼이 당연한 시대였지만 지금은 상황이 바뀌었다.

물론 중매로 결혼하는 사람도 아직 있지만 연애결혼 쪽이 일반적이다. 젊은 사람에게 남자친구나 여자친구가 있는 것이 당연한 시대다. 그래서 교제하는 애인이 없으면 조금 별나거나, 어지간히 인기 없는 사람으로 오해받기도 한다.

잡지나 텔레비전 등만 봐도 활발히 연애 관련 콘텐츠가 편성된다. '요즘 가장 분위기 있는 데이트 코스'라든지 '인기 있는 선물' 같은 정보로 떠들썩하다.

이런 것들을 잘 파악해 이성과 영리하게 교제하는 사람은 점점 인기가 많아지고, 그렇지 않은 서투른 사람에게는 연애의 기회가 좀처럼 오지 않는다. 애초에 기회가 없기 때문에 늘 서툴고 자신감을 잃고 숫기가 없어진다. 이러한 악순환이 생긴다.

하지만 나는 애인이 없는 것은 그렇게 부끄러운 일이 아니라고 생각한다. 한 여성은 "지금은 남자친구가 없지만, 좋아하지도 않는 사람과 데이트를 하느니 집에서 책이나 읽는 게 나아요. 정말 좋아하게 된 사람과 데이트하고 싶어요"라고 말했다.

이 말이 굉장히 시원하게 들렸다. 세상이 이러 쿵저러쿵하는 정보에 휘둘려 너무 초조해할 필요는 없다. 그렇게 해서 사람을 선동하는 것이 미디어의 일이라고 냉정하게 받아들였으면 한다.

그러나 집에서 책만 읽어서는 사랑을 할 기회가 찾아오지 않는다. 멋진 상대를 만날 기회를 찾아 사람들이 모이는 곳에 얼굴 정도는 비추는 노력을 했으면 한다.

남자친구나 여자친구가 단 한 명도 없으면, 이성에 대한 열등감이 심해지는 경우도 있다. 대인공포증의 일종이다.

'냉대당하면 어떡하지' '거절당하면 싫은데' 같은 불안 때문에 소극적이게 되는 것이다. 이런 대인기피 심리는 사실 자존심과 한 세트로 묶여 있다. 자존심이 높으면 사랑에 좀처럼 적극적이지 못하다.

하지만 안심해도 된다. 자존심과 열등감은 누구나 가지고 있다. 나처럼 상대도 열등감과 자존심 사이에서 흔들리는 평범한 사람이다. 자신이 좋아하는 사람은 훌륭해 보이기 때문에, 열등감을 갖고 있다는 생각은 들지 않을지도 모르지만 이는 큰 착각이다. 상대방도 열등감투성이인 사람이다. 그렇게 생각하면 내성적인 사람도 조금은 이성과 편하게 이야기할 수 있게 되지 않을까.

집착과 미련을 갖지 않는
건강한 연애도
얼마든지 있습니다.

한 내담자가 자신의 사랑에 대해 이렇게 말한 적이 있다. 좋아하는 사람이 생기면 보험의 의미로 또 다른 한 명을 무조건 만든다고. 한마디로 양다리를 걸치는 것이다. 왜냐하면 정말로 좋아하는 사람에게 차였을 때 혼자 남는 것이 두렵기 때문이다. 그래서 차였을 때를 대비해 '괜찮아, 나한테는 이 사람이 있으니까' 하는 생각이 들도록 또 한 명의 남자친구를 만든다. 실연의 충격을 완화시킬 쿠션을 미리 준비하는 것이다.

'무슨 말도 안 되는 소리야!' 하고 생각하는 사람이 있을지도 모르지만, 의외로 무의식중에 이런 일을 하는 타입은 꽤 있다. 사귀는 사람이 있는데도 비밀스럽게 친밀한 감정을 나누는 대상을 한 명 혹은 여러 명 두는 것이다.

연애에 쏟는 에너지는 엄청나게 크다. 그 에너지가 갈 곳을 잃으면 견딜 수 없을 만큼 괴롭다. 실연 따위를 원하는 사람은 아무도 없다. 여러 명의 애인을 만드는 사람이 의외로 있는 이유는, 분명 진심으로 좋아하게 되었다가 버림받고 상처받는 것이 두려운 것이리라.

그 기분은 이해하지만 자신의 충격을 완화하기 위한 쿠션으로 다른 사람을 이용하는 것은 아무래도 찬성할 수 없다. 타인을 자신의 도구처럼 부리는 사람은, 언젠가 자신도 그렇게 사용된다고 해도 어쩔 수 없지 않을까.

그런 것보다는 실연을 당했을 때 나를 위로해줄 친구는 없을까. 친구와 술이나 한잔하고 실연의 상처를 치유하자. 좋은 친구가 있으면 그 사람의 존재가 정신적인 버팀목이 되어, 사랑의 시련에도 과감하게 부딪힐 용기가 생길 것이다.

연애라는 한 가지 인간관계에만 연연할 것이 아니라, 평소에 부담 없이 이야기할 대상을 가지는 것은 너무도 중요하다. 가족이나 친구와도 대화를 하고, 오며 가며 만나는 가벼운 사람들에게도 흔쾌히 인사를 건네자. 그래야 연애에서도 집착이나 미련의 감정으로 힘들어하는 일이 줄어든다.

실연을 했다고 해서 그 불행이 언제까지나 계속

되는 것은 아니다. 그 후에는 분명 멋진 사랑이 찾아온다. 실연이 끝이 아니고, 그 뒤에 반드시 행복이 기다리고 있음이 틀림없다. 그렇게 믿어줬으면 좋겠다. 그렇게 생각하면 마음의 쿠션이 생길 것이다.

고독을 '선택'하면 휴식이 되지만
'강요'받으면 괴로움이 됩니다.

인간인 이상 때때로 고독을 느끼는 것은 당연하다. 독일의 극작가 헤벨은 "산다는 것은 깊은 고독 속에 있는 것"이라고 말했다. 종교인이나 철학자일지라도 마찬가지다. 계속해서 외로움에 시달리는 것이 인간의 평범한 감정이다.

그렇다고는 해도 항상 타인으로부터 소외당하고 있다고 느끼고, 그로 인한 고독감을 과하게 의식해서 자신을 껍데기에 가둬버리는 것은 위험하다. 사회적으로 살아가는 힘이 약해질 가능성이 있기 때문이다. 우울증, 알코올 의존증, 치매가 발생하는 배경에도 고독이 있는 것으로 알려져 있다. 자신이 처한 현실 그 이상으로 외로움을 지나치게 의식하는 것은 위험한 일이다.

그러나 원래 인간은 고독을 견딜 수 없는 존재다. 한 대학에서 사교적이지 않고 내성적이며 그다지 타인과 교류하고 싶어 하지 않는 사람들을 각각 밀실에 집어넣고, 고독에 어느 정도나 견딜 수 있는지 알아보는 실험을 했다. 일정한 시간이 지나 드디어 밖으로 나온 사람들의 첫마디는 "누군가와 이야기하고 싶다"

는 것이었다. 교도소에서도 수감자들을 처벌하는 수단으로 독방에 감금해놓는데 가장 악랄한 범죄자들조차도 이를 끔찍하게 여긴다. 그것이 인간 본연의 모습이다. 혼자 있는 것을 '선택'하는 것이 아니라 '강요'받았을 때 인간이 느끼는 스트레스는 상상을 초월한다.

그러니 고독을 느끼고 있고 고독이 나를 삼켜버릴 것 같다면, 고독을 싫어하는 그 마음을 잘 이용하는 방법을 배워야 한다.

우선 고독함에 시달리면서도 누군가가 말을 걸어주기를 기다리는 수동적인 태도가 아니라, 스스로 움직이고 기분이나 환경을 바꿔가면 된다.

심리적으로는, 다른 사람을 이해하려고 노력하며 마음을 열고 무슨 일이든 가능한 한 즐겁게 행동하려고 노력한다. 환경적으로는, 적극적으로 사람들과 교류하고 많은 연락을 받을 수 있을 정도의 인간관계를 구축할 수 있도록 노력한다. 혹은 방의 벽지를 밝게 하거나 일부러 밝은 색깔의 옷을 골라 입는 것도 좋다. 혼자 생각에 잠기는 시간을 줄이고, 되도록 몸을 움직이자.

고독을 싫어하는 기분을 에너지로 삼아, 껍데기를 깨고 밖으로 나가는 것. 이런 일을 반복하면 이유 없는 고독감에 시달리는 일은 줄어든다.

소중한 사람의 부재 앞에서는
실컷 슬퍼해야만
다시 일어설 힘이 생깁니다.

소중한 사람을 잃게 되면 마음에 구멍이 뻥 뚫린다. 그럴 때는 잠시 우울해하자.

힘든 변화가 일어났을 때, 자세를 고쳐 앉고 문제에 대처할 시간을 만들어주는 것이 우울이다. 슬퍼하는 것, 괴로워하는 것을 두려워하지 말고 소중한 사람과의 추억에 잠겨 실컷 울자. 후회되는 부분이 있다면 과감히 친한 사람에게 마음을 털어놓자. 화내고 싶으면 화내도 좋다. 아무것도 하고 싶지 않으면, 아무것도 하지 않고 슬퍼해도 된다.

그런 과정을 거치면, 보통은 저절로 '슬퍼만 하지 말고 조금씩이라도 행동해볼까?' 하는 기력이 생길 것이다. 그런 때가 오기를 차분히 기다리자.

특히 소중한 사람의 죽음은 간단하게 극복할 수 있는 것이 아니다. 무슨 일이 있을 때마다 슬픈 감정이 되살아나거나, '만약 그 사람이 살아 있었다면' 하고 생각하는 것은 자연스러운 일이다.

무리해서 자신을 채찍질하지 말고 자연스럽게 몸과 마음의 이야기를 들어보자. 몇 번이고 위로가 될 때까지.

괴로움을 쾌락으로 덮어버리면,
이성을 되찾았을 때
더 큰 상처가 됩니다.

죽음이나 실연, 이별 등 세상에는 헤아릴 수 없을 정도의 슬픔, 고통, 괴로움이 있다.

그럴 때는 어쨌든 감정을 참는 것이 아니라, 내뱉는 것이 중요하다. 감정을 속으로 쌓아두고만 있으면 어지간해서는 우울한 기분이 해소되지 않는다. 우는 것도 좋고 화내는 것도 좋고 확 소란을 피우는 것도 좋다. 감정의 배출구를 발견함으로써 나쁜 감정을 발산시키는 것이다.

누구나 나만의 기분 전환 방법을 한두 가지 정도는 가지는 편이 좋다.

하지만 자포자기해서 술에 빠지거나, 도박이나 쇼핑에 열중하거나, 계속해서 이성과 잇달아 교제하는 등 쾌락에서 구원을 바라며 일시적인 현실도피를 하는 경우가 있는데, 이 방법은 잘못됐다.

쾌락에 몸을 던지면 건강을 해치거나 자산을 잃는 것은 물론, 문득 냉정을 되찾았을 때 어리석은 자신을 탓하는 과정에서 오히려 더 큰 상처를 받을지도 모른다. 그리고 술이나 도박 등은 도가 지나치면 의존 상태에 빠져서, 인생과 가정이 무너져버린다.

한 내담자는 육아 스트레스로 알코올 의존증이 시작됐다. 계속해서 손이 가는 아기를 두고도 술을 끊지 못했고, 매일 가족들이 안 보는 곳에 술을 숨겨두고 마셨다. 결국 증세가 들통나 가족들이 엄격하게 술을 금지하자, 어느 날 요리용 미림을 마시고 있는 자신을 발견했다고 한다. 그 순간 무섭게 변해버린 지금의 상태와 방치된 아기, 가족들의 걱정이 실감돼 병원을 찾은 것이다.

마음이 괴롭더라도 성급하게 쾌락에 빠지지 말자. 아무리 자신을 상처입힌다고 해도, 결코 원하는 안정은 찾지 못한다고 단언할 수 있다.

또한 그런 일을 하면 주변의 소중한 사람들까지 괴롭게 만든다는 것도 기억했으면 한다.

괴로운 일이 생기면 무작정 '잊어야지' 하며 덮어두는 것이 아니라, 이래저래 생각할 만큼 생각하고 실컷 우울해하는 편이 좋다. 시간은 걸리겠지만, 대부분의 사람은 머지않아 끙끙 앓는 것에 지친다. 부정적인 생각으로 감정이 바닥을 치다가도 자연스럽게 시간이 흐르면, 긍정적인 감정이 조금씩 솟아나는 것이 신비한 인간의 마음이다. 그때는 앞으로 무엇을 하고 싶은지 생각하거나, 올바른 행동을 위한 판단을 할 수 있게 된다.

어울리고 기대고 받아들이기 : 건강한 인간관계

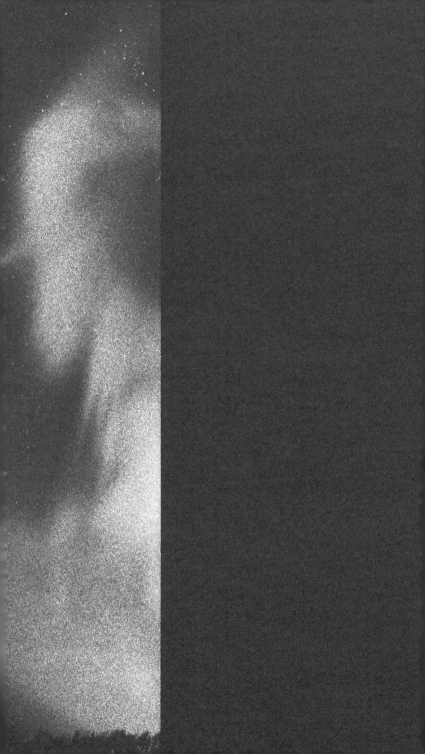

5장

감정의 파도 다스리기 :

불안과 우울

충분한 사회적 관계 속에 있을 때
혼자 있는 시간도 즐거워집니다.

은둔형 외톨이(히키코모리)라는 말이 일상적으로 쓰인 지 오래다. 내가 근무하는 병원에도 "아이가 방에서 나오지 않아요"라며 상담하러 오는 부모가 전보다 늘어났다. 이때 아이는 학생일 때도 있지만 이미 성인인 경우도 많다.

이런 증상은 인간관계에서 어떤 상처를 받았다거나 하는 등의 이유로 우울증이나 노이로제에 걸려서 나타나기도 하지만, 한편으로는 '방에 틀어박혀 있어도 부모에게 의존해서 살아가면 된다'라는 응석에서 기인한 경우도 있다. 혼자 사는 사람이 은둔형 외톨이가 되는 경우는 없는 것을 생각해보면 알 수 있다. 혼자 사는 사람은 모든 것을 스스로 해야 하기 때문에, 방에서 나오지 않으면 생활이 불가능하다. 어떤 식으로든 경제활동을 해서 의식주를 갖춰나가야만 삶이 유지된다.

만약 당신이 어떠한 이유로 조금이라도 은둔형 외톨이의 징후를 보인다면, 한번 잘 생각해봤으면 하는 것이 있다.

현대인은 대부분 고독을 안고 있다. 말 그대로

감정의 파도 다스리기 : 불안과 우울

혼자 살고 있는 것에 대해 외로움을 느끼는 경우도 있고, 가족이나 친구와 가까이 있지만 서로 마음이 통하지 않아 고민하는 사람도 있다. 요즘 사람들이 휴대전화로 끊임없이 메시지를 주고받는 것도 고독과 외로움의 반증이다.

그런가 하면 인간관계를 극단적으로 번거로워하거나 싫어하거나 두려워하는 이도 있다. 그런데 이런 사람의 속내를 가만히 들여다보면 '아무래도 역시 외롭다'는 게 진심이다.

사람은 인간관계 속에서만 살 수 있다. 끊임없이 타인과 관계를 유지하고 어울림으로써 자신의 존재를 확인하는 사회적 동물이다. 그래서 고독의 시간이 주는 기쁨도, 충실한 인간관계가 있어야만 발견된다. 혼자 있는 시간이 즐거워지려면 충분한 사회적 관계 속에 있어야 한다. 평범한 사람은 도를 닦는 수도승처럼 혼자 지내면서도 내내 기쁨이 충만하기는 어렵다. 그러니까 다시 한번 밖에 나가 인간관계를 맺어보려는 노력이 필요하다.

하지만 여전히 방 안에 머물고 싶은 충동이 너

무 강하다면, 그대로 주저앉지 말고 정신과 의사에게 진찰을 받아보자. 은둔형 외톨이도 병의 일종이다. 의사에게 적절한 치료를 받으면 차차 호전된다.

감정의 파도 다스리기 : 불안과 우울

아파본 사람만이
남의 괴로움과 슬픔에도 공감하는
힘을 가집니다.

'일병식재(一病息災)'라는 말이 있다. 풀이하자면, 사람이 건강하면 자신의 상태에 대해 과신하고 무리를 하기 쉬운데, 약한 면이 하나 정도는 있는 것이 질병이나 체력의 한계를 느끼게 해서 오히려 더 장수하게 된다는 것을 말한다. 예를 들면, 태어나서 한 번도 병원에 가본 적이 없는 건강한 사람이 자신의 상태를 까맣게 모르고 있다가 뒤늦게 병을 발견하기도 하는 반면, 오히려 사소한 질병으로 병원을 자주 들락거리는 사람은 여러 가지 검사나 평소의 건강한 생활 습관 덕에 몸을 잘 관리해 오래오래 살아간다는 뜻이다.

나는 일병식재라는 말을 들으면 파나소닉의 창업자이자 "경영의 신"이라는 별명을 가진 마쓰시타 고노스케가 떠오른다.

그는 어릴 때부터 지병으로 몸이 약했고, 폐결핵 증상이 있었으나 94세까지 장수한 인물이다. 일도 열심히 했겠지만 그만큼 평생을 건강에 매우 신경썼다는 것을 알 수 있다.

일병식재라는 말에는 또 하나의 숨겨진 의미도 있다고 생각한다. 바로 '아파본 사람은 누구에게나 따뜻하게 대할 수 있다'는 것이다.

　　한 내담자는 자신의 괴로운 심정을 가까운 친구에게 말했다가 "히로인 증후군(자신을 비련의 여주인공으로 생각하는 현상-옮긴이)이야?"라는 소리를 듣고 큰 충격을 받았다.

　　그는 '이 사람은 쭉 행복하게 살아왔으니 내 마음 같은 건 이해할 수 없겠지'라고 생각하고 마음을 닫아버렸다.

　　마음이 괴롭거나 힘든 일이 있어 누군가가 이야기를 들어줬으면 하는 때가 있다. 그럴 때 "어리광부리지 마"라거나 "더 강해져봐"라는 말을 들어도, 이미 부정적인 감정에 사로잡힌 사람의 마음을 치유할 수는 없다.

　　그런 사람을 구해줄 수 있는 사람은, 오직 그러한 경험을 한 적이 있는 사람뿐이다. 훌륭한 조언을 해주는 사람보다, 공감하며 조용히 이야기를 들어줄 사람이 필요할 때가 있다.

　　톨스토이는 태어나서 한 번도 앓아본 적이 없는 사람은 친구로 삼지 말라고 했다. 만약 당신이 우울하다면 지금 상태를 마음에 새겨두자. 어떤 말을 들었을 때 마음에 와 닿았는지, 누구의 어떤 태도가 기뻤는지, 어떨 때 마음이 편안해졌는지 등을 말이다. 병을 경험하거나 역경에 처했을 때, 사람은 거기에서부터 새로운 힘을 얻기도 한다. 병을 이해하고 이겨내고자 하는 마음, 그 자체가 힘이다.

그 힘을 기억하자. 이를 절대 잊지 않는다면, 언젠가 지금의 당신과 같은 상황에 놓인 사람에게도 따뜻한 말을 건넬 수 있다. 남의 괴로움이나 슬픔을 아는 마음 따뜻한 사람이 될 수 있다.

침울한 성격은 당신 탓이 아닙니다.
투병하고 싸워야 할 대상은
'우울'입니다.

'이제 다 싫다'며 기분이 축 처지고 우울함을 느끼는 일은 누구에게나 일어난다.

그러나 그런 상태도 언젠가는 반드시 끝이 나니까 자신에게 충분한 시간을 주라고 이 책을 통해 몇 번이나 말해왔다. 그 점을 잊지 않았으면 한다. 그러나 일주일 이상 우울한 기분이 좀처럼 가시지 않고, 일상의 사소한 일까지 부담으로 느껴진다면, 우울증일 가능성을 의심해봐야 한다.

충분히 우울증이라고 불러야 할 상태인데도 자신이 우울증이라고 생각하지 않는 사람이 있다. 한편, 기분이 약간 다운되는 상황인데도 너무 쉽게 우울증이라고 생각해버리는 이도 있다. 솔직히 말해서 우울증에 의한 기분 침체와 일반적인 기분의 침체는 연속선상에 있어서 명확하게 구별할 수는 없다. 다만 우울증은 일시적으로 찾아왔다가 이내 사라지는 병리가 아니며 가볍지도 않다.

우울증은 어느 일정 기간에 거쳐 나타나는 아주 성가신 병이다.

스스로에게 자신감을 갖지 못하게 하고 '어차피 제대로 된 세상이 아니고, 나 역시 아무 쓸모도 없는 사람이니까 그냥 전부 포기하자'라고 생각하게 한다.

이렇게 심각한 우울감에 휩싸이면 결단력도 잃어버리고, 식욕도 극단적으로 감퇴하고, 불면에 시달리며 비관적인 사고방식에 사로잡히게 된다.

그리고 자신은 쓸모 없는 인간이며 모두에게 폐를 끼치고 있으니, 죽어버리고 싶다는 생각으로까지 발전하는 것이다.

이처럼 우울증이란, 외로움·불안·허무함·초조함 등 부정적인 감정에 얽매여, 극단적인 고독감에 사로잡히는 정신 질환이다.

이런 증상은 병이 원인이란 것을 받아들이는 것이 우선이다. 하지만 우울증 자체를 인지하지 못하면 '나는 희망이 없다, 멍청하고 음울한 사람이다'라며 자신의 성격과 인격까지 부정하게 된다.

자기 자신을 그런 식으로 생각하는 것은 괴로운 일이다. 이러한 고통을 이기지 못하면 자주 자살을 떠올리거나 실제로 실행하게 된다.

사실은 나도 자주 우울해하는 편이다. 때문에 그럴 때 어떤 기분이 드는지 잘 알고 있다. 그래서 우울증을 겪는 사람에게 공감할 수 있고, 더 적극적으로 어떻게든 도와주고 싶다.

자신이 평소에 음침하거나 우울한 타입이라고 생각하는 사람은, 가벼운 마음으로 정신과 의사를 한 번 만나보기를 바란다.

우울증이라는 것을 인지하게 되면 '투병'하는 마음이 생긴다. 지금껏 모든 것을 자기 탓으로 돌리고 침울해 있던 사람이, 맞서 싸워야 할 상대가 자신의 '우울'임을 직시하게 된다. 더는 자신을 싫어하지 않아도 되는 것이다.

잠깐 기분이 다운된 것인지,
우울증이 생긴 건지
짚고 넘어가세요.

우울증에 대한 지식이 대중화되었다고는 하지만, 대체로 우울증은 스스로 인식하기가 어려워서 아직까지 의사를 찾아오는 비율이 낮은 것이 현재의 실상이다.

이때 하나의 기준을 제안한다. 다음과 같은 징후가 나타나면, 우울증의 신호로 받아들이고 전문의와 상담하는 것이 좋다.

· 피로감이나 권태감이 전혀 사라지지 않는다.
· 어떠한 것에도 그다지 감동받지 않고, 즐거움을 느끼지 못한다.
· 아무런 의욕이 없다.
· 스스로 고립된 상태이고 사람이 싫어졌다.
· 결단력이 없어졌다.
· 호기심과 흥미가 사라졌다.
· 멍하니 있을 때가 많다.
· 아침에는 아무런 의욕이 생기지 않고, 저녁부터 밤까지 기운이 난다.
· 밤중에 자다가 깬다.
· 스스로를 비난하는 마음이 강하다.
· 식욕이 떨어지거나 과식하게 된다.

· 자살하고 싶은 마음이 든다.

이 외에도 피해망상에 빠지거나, 이유 없이 불안하거나, 위에 자주 통증이 있거나, 설사나 변비 등 소화기 장애를 일으키는 증상도 있다.

누구에게나 흔히 일어나는 일이라 생각할 수도 있겠지만, 이러한 상태가 평소와 달리 일주일 이상 지속된다면 전문의에게 진찰을 받을 것을 권한다.

우울증은 치료에 의해 충분히 호전될 수 있다. 특히 일상을 지배해버리는 침울한 감정은 크게 경감된다. 상담이나 약에 거부감을 가질 필요는 없다고 생각한다. 최근에는 우울증 치료의 질이 예전과 비교할 수 없을 정도로 향상되었기 때문에 단점보다는 장점이 더 많다.

병원을 찾아야 하는 가장 큰 이유는 자신이 병을 앓고 있음을 인식해야 하기 때문이다.

우울의 원인이 자신의 성격이나 결함에서 비롯된 것이 아니라, 감기와 마찬가지로 생리적으로 유래된 질병임을 인식하는 것만으로도 괴로움은 완화된다.

그리고 점차 호전될 것이고 언젠가는 나으리라는 희망이 생긴다.

물론 단지 인지한 것만으로 모든 우울감이 한 번에 사라지는 것은 아니다. 어떤 질병이든, 진단을 내리는 것만으로 환자가 바로 편해질 수는 없다. 치료의 첫걸음이 진단이고 이것이 확정되면 비로소 치료에 착수하게 된다.

감정의 파도 다스리기 : 불안과 우울

마음의 병은
내 잘못으로 생긴 아픔이 아니고,
영원히 안고 살아가야 할
지병도 아닙니다.

우울증에 대해 부담을 내려놓고 가벼운 마음으로 정신과를 찾으라고 반복해서 말하는 이유는, 당신이 빨리 건강해지기를 진심으로 바라기 때문이다.

물론 과거에 비하면 꽤 많은 사람이 병원을 찾는다. 나의 할아버지가 일본에 정신과 의료를 소개하고 '아오야마 뇌 전문 병원'을 개원했을 무렵에는, 하루 환자 수가 대여섯 명에 불과했다고 한다.

한편 지금 내가 운영 중인 병원은 어떤가 하면, 세 개의 진료실이 계속해서 꽉 차 있는 상황이다. 병이 악화되기 전에 내원하는 사람이 많아졌다.

그 결과, 많은 환자들이 입원 없이 통원 치료만으로 완치되어 정상적인 생활로 돌아가게 됐다.

누구든 처음 정신과 의사를 찾을 때는 진찰실에서 무엇을 하는 것인지, 무슨 말을 들을지 몰라 불안해한다. 게다가 난생처음 만나는 사람에게 자신의 마음 상태를 요령 있게 설명하는 것은, 좀처럼 쉬운 일이 아니다.

그렇다고 해서 특별히 무슨 시험처럼 이런저런 준비를 하고 와야 할 필요는 없다. 일단은 의사와 이야기를 하는 것뿐이다.

의사는 먼저 환자를 편안하게 해주는 것부터 시작한다. 그것은 증상을 알기 위한 문진이기도 하지만, 동시에 치료의 시작이기도 하다.

환자는 대화를 통해서 자신이 이해받는다는 느낌을 받고, 고독감과 불안이 어느 정도 줄어든다. 그로 인해 더욱 마음을 열고 이야기할 수 있게 된다.

그리고 자신의 마음을 입 밖으로 꺼내 정리해가면서, 왜 괴로워하고 있는지, 왜 우울증에 걸렸는지 스스로 깨닫기 시작한다.

일반적으로 감기에 걸렸을 때, 병원에 가는 것을 망설이는 사람은 없다. 약간의 오한과 기침만으로도 적극적으로 몸을 돌보기도 한다.

마음의 병도 마찬가지로 생각했으면 한다. 똑같이 생리적인 병이다. 내 잘못으로 생긴 아픔이 아니고, 영원히 안고 살아가야 하는 지병도 아니다.

마음의 컨디션이 좋지 않을 때 의사에게 상담하는 것은 부끄러운 일이 아니다. 당신의 내면이 나약해서도 아니다. 지극히 자연스러운 것이다.

그러니 무엇을 해봐도 마음이 안정되지 않는다면, 최악의 상황을 상상하기 이전에 꼭 정신과 의사의 도움을 받아보기를 바란다.

극단적인 생각이 들 때는
충동적으로 행동하기 전에,
믿음이 가는 상대에게
속을 털어놓으세요.

'고민'이 '성장'으로 열매를 맺는다면 대단히 다행스러운 일이다. 그러나 고민이 '이제 다 싫다, 살아가는 것조차 싫어졌다'고 느끼게 하면 문제다.

불행히도 세계적으로 자살자 수는 증가하고 있다. 그리고 보이지 않는 그 뒤편에는 몇 배나 되는 자살 미수자가 있다.

사람은 때로는 뻔뻔하고 억척스러운 태도로 강인한 생명력을 내보이는 반면, 어처구니 없을 정도로 사소한 이유로 쉽게 자살을 단행하는 경우도 있다. 주변에서 보면 '어째서 저런 이유로 그렇게까지…'라고 생각할 정도로 말이다. 자살 미수자의 이야기를 들어보면, 본인도 그렇게까지 심각하게 정신적으로 몰려 있는 상태는 아니었는데도 죽음을 택하는 경우도 있다고 한다.

자살을 기도하는 사람 중에는 부정적인 성격이 많다. 주변에서 보기에는 조금만 노력하면 해결할 수 있는 문제인데도, 언제나 마음속 깊이 염세적인 인생관을 갖고 있다보니, 사소한 어려움에 부딪힌 것을 계기로 스스로를 꽁꽁 묶어버리는 것이다. 그리고 결과적으로 죽음으로 도망친다.

자살에는 여러 가지 형태가 있는데 복수심에 의한 경우, 격정에 지배된 경우, 도피형 자살 등이다. 그중 가장 많은 것이 '우울'과 같은 감정 고조에 의한 경우이다. 이를 '정신 증상에 의한 자살'이라고 부르는데, 실제로 자살자의 80퍼센트가 우울 상태에서 잘못된 마음을 먹는다.

즉, 자살을 시도하는 사람의 감정은 우울에 지배된 것이다. 자살까지는 가지 않더라도 평소에 극심한 우울함을 자주 겪는 사람이라면 그래서 주의가 필요하다. 또한 자살을 하기 전에 주변과의 교제를 거부하기 시작하는 징후도 있다.

이렇게 마음에 위험한 신호가 찾아올 때는, 쉽지는 않겠지만 당신이 정말로 신뢰할 수 있는 사람에게 속을 털어놓자. 그렇게까지 친한 사람이 없다면 가까운 병원의 정신과 의사와의 상담도 좋다.

믿음이 가는 사람에게 이야기했으면 하는 데는, 주제의 민감함도 있겠으나 자칫 성숙하지 못한 태도로 죽음을 가벼이 대하는 답변을 들을 수도 있기 때문이다. 이런 피드백은 역효과를 불러일으킨다. 특히 기분을 북돋워주겠다며 농담 삼아 대응하는 사람은 너무나도 위험하다.

　　사실 자살 충동이 심한 사람에게는 어지간한 말이 아니면 설득이 잘 스며들지 않는다. 이쪽에서 아무리 격려를 해주고 싶어서 이런저런 말을 쏟아내도, 자살을 원하는 사람의 마이너스 에너지를 단박에 플러스 에너지로 바꾸지는 못한다. 때문에 신뢰할 수 있는 사람, 전문성이 있는 사람과의 대화가 중요하고, 이를 통해서만이 지금의 감정을 확실히 바꿀 가능성이 높아진다.

　　한편으로 충동적으로 자살해버리는 일이 없도록, 자신을 쉽게 죽을 수 없는 상황에 놓는 것도 필요하다. 책임감을 가지고 무언가를 돌보거나, 규칙적인 생활 습관을 갖고, 무엇보다도 매일 '죽으면 안 된다'라고 스스로를 강하게 타일러야 한다. 너무 쉽게 자신을 포기해서는 안 된다! 이런 매일의 마음가짐이 나를 지키는 최대의 무기가 되어줄 것이다.

이미 당신 곁에는
상냥하고 따뜻한 말을 건네는
소중한 사람들이 있습니다.

꼭 우울증이 아니더라도, 힘들 때는 누군가에게 마음 껏 고민을 털어놓으면 도움이 된다.

남에게 말을 한다고 해서 근본적인 괴로움이 사라지는 건 아니겠지만, 적어도 조금은 기분이 전환될 수 있다.

누구에게도 상담하지 않고 혼자서 고민하다보면, 고민의 무게가 점점 무거워져서 스스로 감당할 수 없는 지경에 이르게 된다. 고민 그 자체가 내면을 깊이 잠식하는 것이다.

그래서 내향적인 성격의 사람이라 하더라도, 부담 없이 무엇이든 털어놓을 수 있는 친구를 최소한 한 명이라도 가지는 편이 좋다.

그렇게 하지 못한다면 마음속 괴로움이 심해질 때, 깊은 고독감과 함께 세상에서 아무도 나를 봐주지 않는다는 생각에 빠진다. 나쁜 생각만 계속되는 악순환이 반복된다.

그런데 의외로 주변에 믿을 만한 사람이 없다고 호소하는 경우도 많이 늘고 있다. 애당초 자신의 주위에는 괜찮은 사람이 없다는 것이다. 어디를 둘러봐도

이상한 사람들뿐이라 마음 둘 곳을 찾지 못한다는 식
이다.

혹시 당신도 그렇지는 않은가. 만약 그렇게 느
끼고 있다면, 잘 생각해봤으면 한다.

'고독'의 사전적 의미는 세상에 홀로 떨어진 쓸
쓸함이라는 뜻이다. 당신은 정말 고독한 것일까. 이 넓
은 세상에 누구 한 명 정도 당신의 이야기를 들어줄 만
한 사람은 정말 없을까. 당신이 좋아하는 사람 말이다.

만약 아무리 핸드폰에 저장된 여러 사람의 연락
처를 뒤져봐도 당신의 고민을 함께 짊어질 사람이 없
다고 여긴다면, 그건 아니라고 말하고 싶다.

물론 당신이 바라는 100퍼센트의 대응을 해주
지 못할지도 모른다. 고민이나 괴로움을 상담해도 그
다지 큰 도움이 될지 안 될지 그것도 모른다. 다만 의
지가 필요할 때 가족이나 친구로 있어줄 사람이 정말
한 명도 없을까?

스스로의 힘으로 설 수 없을 때는, 조금만 더 주
변 주변 사람을 신뢰하고 말을 걸어보는 건 어떨까.

이렇게 용기를 내면 상냥하고 따뜻한 말을 건네

주는 이가, 분명 주위에 있을 것이다.

　'나에게는 곤란하거나 괴로울 때, 의지할 수 있는 그 사람이 있다'라고 생각하며 살아간다면, 두려움이라는 파도를 견뎌낼 힘이 생긴다.

남에게 기대는 것도
용기 있는 행동입니다.

'타인에게 어리광을 부리거나 의지해서는 안 된다'는 생각으로, 혼자서 너무 참고 노력하는 사람이 있다. 누구에게도 터놓지 않고 몸과 마음에 한계가 올 때까지 끙끙대며 혼자 처리하려 한다. 최근에는 '자립'이란 사고방식도 한몫해서, 남에게 의지하거나 속내를 보이는 행동은 약한 것이라는 풍조가 생긴 듯도 하다.

그러나 남에게 기대는 것은 살아가는 데 있어 반드시 필요하다. 참고로 어릴 때 부모에게 충분히 응석을 부리며 자란 아이는, 의외로 부모로부터의 자립이 빠르다. 그러나 사정상 부모와 오랜 시간을 함께하지 못했거나, 부모에게 감정 표현을 제대로 하지 못한 아이에게는 어른이 되어서도 '응석부리고 싶다'는 마음이 남는다. 어린 시절에 충분한 어리광을 부리지 못했기 때문이다.

어린이에게도 어른에게도 '전환기'가 있다. 지금까지보다 한층 더 성숙해져야 하는 성장의 때로, 일종의 고비로 봐도 무방하다. 무언가 새로운 것에 도전하거나, 지금까지와는 전혀 다른 길로 발을 내딛는 일 등이다.

그럴 때 사람은 조금 응석을 부리고 싶어지는 법이다. 두렵기 때문이다. 새로운 자신으로 재출발하기 전에, 다시 한 번 아이로 되돌아가 의존하고 싶어진다. 이때도 충분히 어리광을 부려야만 비로소 한층 성장하며 일어설 수 있다.

하지만 그런 자신의 모습을 상상조차 하기 힘들어하는 사람도 있다. 훌륭한 어른이 어리광을 부리는 것은 이상하다고 생각하는 것이다. 그렇게 스스로에게 엄격한 사람일수록 정신적으로 힘든 상황에 처했을 때, 좀처럼 거기에서 벗어나지 못한다. 편하게 주변 사람에게 불만이나 불안을 이야기할 수 있는 쪽이 회복도 빠르다.

만약 당신이 지금까지 남에게 의지하거나 응석 부리는 것을 참고 살아왔다면, 가끔은 누군가에게 털어놔도 좋다. 그렇다고 갑자기 성격을 개조하라거나, 매일의 자잘한 불만까지 토로하라는 건 아니다. 다만 때로는 약한 자신의 상태를 마주하고 타인에게 보여주는 모습 자체도, 당신이 성장하는 계기라는 걸 알았으면 한다.

불안한 감정을 말했을 때 분명 이해해줄 사람은 있다. 모든 걸 혼자 짊어지는 것은 그만두고, 크게 한 번 엄살을 떨어보면 어떨까. 너무 늦기 전에 말이다.

6장
_____

마음의
_____

면역력 기르기
_____

나에게 힘을 주는
사랑스러운 존재를 가집시다.
아이돌, 애완동물 등
무엇이든 좋아요.

면역이란, 외부에서 들어온 병원균에 저항하는 힘을 말한다. '마음의 면역력'이라는 것도 있다. 힘들게 성장한 사람은 어려움에 부닥쳤을 때 침착하게 대처하고, 그것을 견뎌낼 힘을 가진 것을 뜻한다. 반대로 아무런 어려움 없이 살아온 사람은 사소한 일에도 고난을 견디지 못하고, 어떻게 해야 할지 몰라 패닉에 빠지고 만다.

상사에게 자주 혼나는 부하는, 야단을 맞더라도 '또 저러네' 하면서 적당히 생각하고 그다지 괴로워하지 않는다. 학창 시절을 생각해도 마찬가지다. 교사에게 자주 혼나는 아이는, 적당히 그 순간을 모면할 뿐 근본적인 행실을 바로잡는 경우가 흔하지 않다. 이쯤 되면 뻔뻔함에 가깝지만, 이 또한 면역인 것이다.

마음의 면역력이라고 하는 것은 정신적 강인함을 말한다. 그렇다고 해서 '나는 약해빠진 인간이니까' 하며 소극적으로 생각할 필요는 없다. 스스로 우뚝 서 있는 그 자체로 강한 사람은 몇 없다. 여기서 정신적 강인함이란, 당신이 소중히 여기는 사람 즉, 사랑하는 대상을 두고 그들을 마음의 버팀목으로 삼음으로써 생겨나는 것이다.

　소중한 존재가 곁에 있다는 사실은 사람을 강하게 한다. 어지간한 일에는 주저앉지 않게 된다. 일과 육아를 병행하는 워킹맘 같은 이들이 그렇다. 업무 중 안 좋은 일이 생기고 회사 생활이 힘들어져도 '사랑하는 아이를 위해서라도 이겨내자'라며 긍정적으로 생각하려고 노력한다.

　가족에 대한 사랑과 책임감이 그 사람을 강하게 만든 것이다. 이때 소중한 존재가 꼭 연인이나 가족이 아니어도 된다. 친구도 좋고 짝사랑 상대나 경우에 따라서는 애완동물도 괜찮다. 그 존재로 인해 힘을 낼 수 있다면 뭐든지 좋다.

　그렇다고 마치 신앙처럼 그 대상을 위해 무조건 참아가면서 열심히 하거나, 자신이 희생한 만큼의 대가를 요구해서는 안 된다. 그러면 의지했던 고마운 존재가 오히려 부담이 되기도 한다. 어디까지나 자신의 마음속에서 건강한 버팀목 정도로 삼는 게 좋다. 또한 그 존재에 대한 사랑만큼이나, 열심히 살아온 스스로를 칭찬해주는 것도 잊지 말자.

마음의 면역력을 키우는 데에는 그래서 반드시 '애정'이 필요하다. 대가 없이 사랑하고 사랑받을 수 있는 존재가 마음을 풍요롭게 하고 긍정적으로 만들어 준다.

종일 누워 있는 것보다
약간의 자극을 주는 편이
제대로 된 휴식입니다.

흔히 사람들은 마음이 지친 이에게 푹 쉬라고 말한다. 그러나 고민거리가 있을 때 온종일 느긋하게 있어봐야 개운한 감정 따위는 조금도 들지 않는다. 오히려 더 신경이 쓰여 마음이 우울해지는 경험이 있지 않은가.

쉼에는 두 종류가 있다. 하나는 아무것도 하지 않는 것. 즉, 잠을 자거나 안정 상태를 취하는 것이다. 종일 뒹굴뒹굴하는 것이 이 유형이다.

그리고 다른 하나는 적당한 자극을 주는 쉼이다. 운동이나 취미를 즐길 시간을 만들어 그것에 몰두하는 것이다.

현대인의 일상생활에서는, 컴퓨터의 도입 등에 의한 테크노스트레스(고도의 정보기기 보급으로 인한 여러 가지 스트레스-옮긴이)와 같이 축적성 피로가 압도적으로 증가하고 있다. 이런 종류의 피로는 그냥 가만히 쉬는 것만으로는 풀리지 않는다. 무엇인가 자극을 줌으로써 피로를 푸는 것이 필요하다. 그냥 집에서 가만히 있는다고 해서 스트레스가 풀리는 것이 아니라는 말이다.

그러나 언뜻 보기에 간단해 보이는 이 쉼이 의외로 어렵다.

예를 들어, 월요일부터 금요일까지 열심히 일한 후에 주말에 외출도 하지 않고 푹 잔 것으로 휴식을 충분히 취했다고 생각하는 사람이 있다. 하지만 이래서는 수면 부족 상태에서 벗어났을 뿐 심신의 무거운 피로감은 그대로 남아버리고, 월요일이면 회사에 가기 싫어진다. 월요병 정도가 아니라 블루먼데이가 되기도 한다. 블루먼데이란, 월요일에 느끼는 심리적 압박으로 인한 자살 위험성이 크다는 뜻이다. 이런 상태가 자주 반복되면 마음이 출근을 거부해 결과적으로 퇴사할 수밖에 없어진다.

즉, 가만히 누워 있는 휴식만으로는 정신적 피로를 풀 수 없다. 잠만 자는 것으로는 안 된다. 약간의 운동을 하거나, 일과는 별개로 머리를 쓰는 취미가 필요하다.

요점은 '진짜 휴식'을 취하는 것이다. 쉬고 있다고 착각하는 것이 아니라, 몸도 마음도 인정하는 제대로 된 휴식을 가져야 한다.

물리적으로 몸이 가만히 있을 뿐, 마음속으로는 걱정을 안고 있거나 온통 회사 일만 생각하는 사람이 부지기수다. 이래서는 진정으로 마음이 편해지지 않는다. 몸 따로 마음 따로다.

그러므로 진정한 휴식을 위해서는 머리와 몸이 함께 몰입할 수 있는 '취미'가 반드시 필요하다.

좋아하는 취미가 생기면
잡념이 사라지고
마음이 개운해집니다.

이미 일어나버린 골칫거리를 잊고 기분을 상쾌하게 만들기 위해서는, 앞서 말한 것처럼 몰두할 수 있는 취미가 필요하다.

그러나 취미라는 말에 금세 '나는 취미가 없는데…'라며 의기소침해하는 사람이 적지 않다. 아마도 취미를 거창하게 생각하는 것은 아닐까.

일단 사전에서 '취미'라는 단어를 찾아보자. 내가 가진 사전에는 '실용이나 이익 등을 생각하지 않고 좋아서 하는 일'이라고 나와 있다. 전문적으로 하는 것이 아니라 즐기기 위해서 하는 행동이다.

즉, '좋아하는 것'은 모두 취미의 범위에 있다고 할 수 있다.

그렇게 생각하면, 아무리 취미가 없는 사람이라도 한두 가지가 떠오르지 않을까.

취미를 가지는 데에는 최초의 기세가 조금 필요할 뿐, 사실 아주 간단하다.

예를 들어 스포츠는 몰두해서 땀을 흘릴 수 있기 때문에 안 좋은 일을 잊는 데에 효과적이다. 그래서 나는 자신의 상황에 따라 언제든지 혼자서 할 수 있는 스포츠를 권하는 편이다.

특히 시간이 부족한 사람은 걷기 운동이 좋다. 저녁에 집 근처를 걷거나, 회사에서 돌아오는 길에 한 정거장 전에 내려서 걸어오는 것도 괜찮다. 빠른 걸음으로 걷다보면, 그것만으로도 집에 도착할 때쯤 무거웠던 마음이 가벼워진다.

요리를 하는 것도 스트레스 해소가 된다. 정성껏 만든 요리를 맛있게 먹으면 성취감과 함께 평온한 기분이 찾아온다. 누군가와 함께 먹을 수 있는 환경이라면, 행복은 배가 되리라.

음악도 마음을 풍요롭게 하는 효과가 있어서 스트레스 해소에 빼놓을 수 없다. 기분이 가라앉을 때는 좋아하는 장르의 밝은 곡을 듣자. 화가 날 때는 조용한 곡을 들으면 마음이 평온해진다. 음악 감상이 아니라 직접 연주할 경우에 그 효과는 더욱 커진다.

이 외에도 도예나 조각, 미술품이나 영화 감상, 서예, 그림 그리기, 글쓰기, 꽃꽂이나 소설 읽기 등 다양한 활동이 당신을 기다리고 있다. 취미를 찾아서 몰두하는 것만으로도 잡념으로 인한 괴로움은 훨씬 줄어든다.

망설이지 말고 자신이 즐길 수 있는 취미를 만들어서 기분 전환을 하고, 일과 휴식의 균형이 있는 밝은 날들을 보내자. 취미가 있는 사람은 자신을 건강하게 관리할 줄 아는 힘을 가진 것이다.

마음의 면역력 기르기

꼭 불평을 해야겠다면
시간 제한을 두고,
끝난 후에는
해결을 위해 노력하세요.

안 좋은 일이 생기면 무심코 불평을 늘어놓고 있는 자신을 발견할 때가 있다. 특히 인간관계로 인한 스트레스일 때 그렇다. 하지만 상대방이 자기 뜻대로 되지 않는 것을 원망하거나 불평한다고 해도 현실은 아무것도 달라지지 않는다. 그러니 그다지 현명한 행동이라고는 할 수 없다.

게다가 불평을 자주 하는 사람은, 대개 상황을 바꾸려는 행동이 뒤따르지 않기 때문에 언제까지나 악순환에서 헤어나지 못한다. 푸념이 습관이 되는 경우도 있다.

하지만 인간이 불평 한마디 없이 훌륭하게 살아갈 수 있는가, 하면 그건 또 아니다. 해도 소용없는 소리인 줄 알면서도 그냥 투덜대고 싶을 때가 있다. 지금의 꿀꿀한 기분을 누군가가 알아줬으면 하는 바람도 있고 말이다. 친구에게 약한 소리를 늘어놓고 "힘들지?"라는 위로의 말이 듣고 싶다. 그걸로 충분한 때도 있지 않을까.

그러나 이것이 약간의 어리광임은 스스로 알아야 한다. 그러니 불평을 들어주는 상대가 있다는 것은 고마운 일이다.

이때 상대는 자신과 같은 일을 하거나 서로의 상황을 잘 아는 입장이면 좋다.

그러나 아무리 공감대가 형성돼 말이 잘 통한다고 해도 이성의 끈은 놓지 말아야 한다. 편하게 대하다가 선을 넘어버리는 발언을 한 것이 주위에 전해져서, 문제의 불씨가 생기기도 하기 때문이다. 말이 옮겨질 위험이 있다.

또 비판적으로 설교나 조언만 하는 사람보다는 불필요한 말 없이 공감하며 들어주는 사람이 좋다. 상대도 불평이 많은 사람이어서는 안 된다. 불행한 사람들끼리 모여 불평만 늘어놓으면 더욱 분위기가 우울해진다. 그러니 당신이 한동안 투덜거려도 웃어넘기며 '자, 다시 힘내볼까' 하는 기분이 들게 해주는 밝은 사람이 좋다.

불평을 늘어놓을 때는 제한 시간을 두라고 권하고 싶다. 그리고 들어준 사람에게 반드시 감사의 마음을 표하자.

상대의 입장에서는 원하지 않는 시간이었을지

도 모른다. 그래도 경청했다는 것은 당신을 향한 애정
과 배려가 있기 때문이다.

불평을 마친 뒤에는 개운하게 기분을 전환하고,
해결을 위한 행동을 시작해보자.

고독은 싫지만
혼자이고 싶은,
인간이란 그런 존재.

인간이란 제멋대로인 존재라 고독이 싫다고 생각하는 한편, 때로는 고독해지고 싶어 한다.

혼자 있으면 주위의 잡음에서 차단되어, 자기 자신과 마주 앉아 냉정하게 여러 가지를 깊이 생각할 수 있다. 때문에 육체적·정신적으로 휴식이 되고, 신선한 발상이 떠오르거나 하는 창의적인 시간이 되기도 한다. 그러니 가능하면 하루에 한 번 정도는 혼자가 되는 시간을 가지라고 강조하고 싶다.

혼자가 되기 위해서는 자기만의 공간을 갖는 것이 가장 좋지만, 그 외에도 잘 생각해보면 혼자가 될 수 있는 장소는 의외로 많다.

예를 들어 출퇴근 지하철 안이나 카페에 가는 등 시간을 적절하게 이용하는 것이다.

중요한 것은 무턱대로 말을 거는 사람이 있다거나, 주위의 소리가 너무 신경이 쓰이는 등 사색을 방해하는 요소가 없는 장소여야 한다.

그 무엇에도 방해받지 않고 혼자서 천천히 자신을 마주하며, 다른 사람의 눈을 신경쓸 필요 없이 편히 쉴 수 있다면, 그것이 '나만의 고독한 시간'이 된다.

좋아하는 척하면
정말로 좋아집니다.

평소에 정신없이 삶에 쫓겨 살아가다보면, 일상이 품고 있는 소소한 아름다움을 잊어버리기 쉽다. 아니, 어쩌면 스스로 감동하기를 거부하는 상태가 된다고 하는 편이 맞을지도 모르겠다.

그리고 감동이 없는 매일이 계속되면 당연히 기분도 어두워진다. 그럴 때는 긍정적인 사고를 하기가 어렵다. 그래서 점점 더 우울해진다.

덧붙여 쉽게 피로해진다거나, 결단력이 떨어졌다거나, 사람을 만나고 싶지 않아지는 증상까지 겹쳐오면, 우울증에 걸렸을 가능성을 의심할 필요가 있다.

최근 들어 무엇을 해도 조금도 즐겁지 않고 호기심이 생기는 일이 없어진 사람은, 주변에 있는 아이들을 보자. 어린아이에게는 눈에 들어오고 손에 닿는 대부분이 미지의 것이다. 앞으로 살아가기 위해 만물을 학습해나가는 중이다. 그러니 매일이 신선한 감동의 연속이라 해도 과언이 아니다.

그런데 나이를 먹어갈수록 사람은 감동이 희미해진다. 세상의 때에 물들어가는 동안 '신선한 감동'은 점점 머나먼 세계의 일이 된다.

나는 물이든 주스든 컵에 입을 댈 때 반드시 "맛있다!"라고 외친다. 처음에는 의도해서 시작했는데 지금은 자연스럽게 그렇게 된다. 그러면 가족들은 '너무 들어서 지겹다'는 표정이다. 이처럼 빈축을 사기는 하지만, 무엇이든 첫 모금을 마신 후에는 "맛있다!"는 소리를 꼭 한다.

왜 이렇게 되었는가 하면, 스스로 "맛있다!"라고 외치며 감각을 새롭게 하기 위해서다. 자기암시를 거는 것이다. 매일 하는 평범한 일일지라도 그것에서 작은 기쁨을 찾고자 하는 마음을 가지고 싶다.

만약 당신이 감동 없는 나날을 보내고 있다면 '그런 척하는 것'만이라도 좋으니 소리내 기뻐해보자. 인간은 본래 마음가짐 하나로 아무리 작은 일에라도 감동할 수 있다. 감동하는 척이라도 계속하다보면, 처음에는 단순한 암시에 의한 것이었을지라도 머지않아 정말로 감동이 느껴지는 풋풋한 마음이 돌아온다.

뻔한 말 같겠지만 인생은 즐겁게 사는 편이 좋다. 그러기 위해서는 되도록 우울한 기분을 떨쳐버리고 긍정적인 자세로 하루하루를 보내야 한다.

　사소한 감탄과 감동이 인생을 풍요롭게 만든다. 이 감동은 하늘에서 떨어지는 것이 아니라, 내 마음속에서부터 피어나는 것임을 잊지 말자.

기분이 태도가 되지 않게,
행동으로 마음을 설득할 수 있습니다.

기분이 밝아지면 얼굴도 밝아진다. 표정에는 사람의 마음이 나타난다. 그렇다면 무리를 해서라도 표정을 밝게 한다면 마음도 밝아지는 것은 아닐까.

미국의 심리학자 윌리엄 제임스는 "기뻐서 웃는 것이 아니라, 웃어서 기쁜 것이다. 슬퍼서 우는 것이 아니라, 울어서 슬픈 것이다"라고 말했다.

확실히 속마음은 안 좋지만, 웃는 얼굴로 누군가를 응대해야 할 때는 그 자체로도 조금쯤 기분이 풀리기도 한다. 반대로 억압된 분위기 속에서 다들 금방이라도 울 것 같은 자리에 있다보면, 점점 슬퍼진다.

그래서 나는 항상 사람들에게 "프로의 웃음을 지어라"라고 말한다. 프로의 웃는 얼굴이란, 예를 들면 개그맨의 웃음이다. 개그맨은 아무리 슬픈 날에도 무대에 오르면 싱글벙글 웃어야 한다.

우울할수록 밝은색 옷을 입고 작은 일에라도 억지로 미소를 지어보자. 마음이 내켜서 행동하는 게 아니라, 행동부터 해서 마음을 설득시키는 것이다. 이런 사소한 행동이 '나를 사랑하고, 나를 지켜내는 한 걸음'이다.

아무도 없는 곳에서
소리 지르고 절규하며
감정을 폭발시켜보세요.

일반적으로 동양인들은 희로애락을 드러내지 않는 것을 미덕으로 여긴다. 행여 누군가가 감정을 노골적으로 드러내기라도 하면, 주변 상황이나 분위기를 파악하지 못하고, 감정 조절이 서툰 사람이라는 꼬리표가 붙기 십상이다.

하지만 감정을 억누른 결과로 주위에서 평정심 있는 훌륭한 사람이라는 칭찬을 받는다고 해서 행복해질 수 있을까. 나는 아니라고 생각한다. 특히 분노나 슬픔 같은 것들을 억누르기만 하면, 쌓인 감정은 사라지지 않고 마음에 상처로 남는다.

물론 지나치게 격정적인 언행은 타인에게 피해를 주며 자신의 평판도 떨어뜨린다. 그러나 억제하는 것만으로 풀리지 않는 스트레스라는 것도 분명히 존재한다. 그럴 때 해결법은 단순하다. 참아온 감정을 최대한 빠르게 '혼자 있을 때 발산하는 것'이다.

아무도 없는 곳이라면 아무것도 거리낄 필요가 없다. 오열도 좋고 절규도 좋고, 하고 싶은 만큼 마음껏 크게 소리를 지르는 것도 좋다. 그런 걸로 속이 후련해지겠나 싶겠지만, 100퍼센트라고는 할 수 없어도

마음의 면역력 기르기

나름의 효과가 있다. 적어도 타인에게 감정을 폭발시키지 않을 만큼의 절제력은 생긴다.

노래방에서 열창하는 것도 좋은 방법이다. 혼자 편하게 있을 수 있는 공간에서 음악을 틀어놓고 춤추는 것도 좋다. 스포츠 경기를 관람하러 가서 중계에 감정을 이입하고 떠들썩하게 보는 것도 좋다. 어쨌든 크게 소리를 질러도 눈총받지 않는 곳에서 쌓이고 쌓였던 감정을 발산하고 나면, 기분이 개운해진다. 이러한 '이벤트'가 있으면 일상에서 받는 스트레스 관리에 큰 도움이 된다.

우는 것도 마찬가지다. 눈물에는 스트레스를 느끼면 체내에서 생성되는 물질이 포함돼 있기 때문에, 울고 나면 스트레스가 경감되어 마음이 후련해진다는 학설도 있다.

그러니 울고 싶은 기분일 때는 참지 말고 눈물이 마를 때까지 펑펑 울자. '눈물 없이는 볼 수 없는…' 같은 광고를 하는 소설이나 영화의 힘을 빌리는 것도 괜찮은 방법이다.

마음의 응어리를 해소할 수 있다면, 다음 날 다

소 눈이 붓는다고 해도 괜찮지 않을까. 눈의 붓기는 시간이 지나면 낫지만, 마음의 슬픔은 그렇게 쉽게 사라지는 것이 아니므로.

완전히 우울해지기 전에
나만의 '웃음 유발 버튼'을
만들어둡시다.

무거운 마음을 가볍게 해주는 데에는 웃음만 한 것이 없다. 하지만 기분이 우울할 때는 농담을 들어도 웃기지 않고, 좋아하는 예능 프로그램을 봐도 조금도 재미있다고 느껴지지 않는다.

그러니 마음이 완전히 우울해지기 전에 대책이 필요하다. 예를 들어 친구와 술 한잔을 하며 떠들고 시시한 이야기로 분위기가 달아올라, 별 이유도 없이 박장대소를 하는 등의 기회를 만들자. 또 웃긴 코미디 영화나 연극, 만화책 보기 등 '웃는 것'을 목적으로 하는 행동도 좋다.

'아, 뭔가 기분이 별로인데' 하는 때 바로 이용할 수 있도록 '반드시 웃을 수 있는 것'을 준비해두자.

웃음은 의학적 관점에서도 효과적인 마음의 건강법이다. 웃기만 해도 부교감 신경이 자극돼 심신이 편안해진다. 15초 동안 크게 웃으면 수명이 이틀 연장된다는 연구 결과도 있다.

꽁하고 있다가 우연히 웃고 찝찝했던 마음이 단번에 맑아진 경험은 누구나 있을 것이다. 이처럼 웃음은 몸과 마음을 긴장감에서 해방시켜준다.

마음의 면역력 기르기

감정을 문장으로 정리하면
신기하게도 마음이 진정됩니다.

화가 많은 사람은 주변에서 성질 좀 죽이라는 말을 듣지만, 실행하기는 어렵다. 사실 무조건 참는 것은 정신건강상 좋지도 않다.

　　나는 겉으로 보기에 꽤 느긋한 사람 같다는 이야기를 듣지만, 실은 성미가 급하고 모든 일에 조급한 편이다. 부부끼리 여행이라도 가면 아내의 언동에 짜증이 날 때가 많다. 그렇다고 그 화를 고스란히 아내에게 쏟아부으면 모처럼의 여행이 엉망진창이 되어버린다. 그래서 분노를 터뜨리고 싶은 마음에 제동을 건다. 하지만 이렇게 참기만 하면 나도 기분이 좋지 않다. 이런 마음의 균형이 어려운 부분이다.

　　이럴 때는 토해내고 싶은 마음을 수첩에 적는다. 원래도 메모광이기 때문에, 무슨 일이 있으면 바로 메모하는 것이 습관이다.

　　구체적인 방법을 말하자면, 우선 아내가 내게 했던 쓴소리나 잔소리를 수첩에 적고 그에 대한 내 의견과 감상을 쓴다. 그러면 온갖 험한 말들이 머릿속에서 쏟아져 나오는데, 그걸 그대로 수첩에 적는다. 마치 누군가에게 고자질이라도 하듯이 말이다. 대강 다 썼을 무렵에는 신기하게도 화가 가라앉는다.

　　　　　　　　　　마음의 면역력 기르기

이를 응용해 나를 화나게 한 사람에게 편지를 쓰는 것도 좋다. 감정을 그대로 쏟아내자. "몇 번이나 같은 말을 하게 하는 거야, 이 멍청아!"처럼 거침없이 과격한 말을 쓰는 것이 포인트다. 상대가 손윗사람이라 해도 신경쓸 것 없다.

단, 이 편지는 절대로 부쳐서는 안 된다. 봉투에 넣고 남의 손이 닿지 않는 곳에 내버려두자. 적당한 때를 봐서 꺼내 읽어보면, '저렇게 쏟아내지 않기를 잘했다' 하는 생각이 들 것이다.

편지 안에서만 감정을 폭발시키고 있는 만큼 누구에게도 폐가 되지 않는다. 덧붙여 자신을 진정시키고 상대를 냉정하게 보는 여유가 생겨나, 사태나 관계를 바꾸는 지혜가 생기기도 한다.

화가 났을 때는 이처럼 어느 정도 자신에게 시간을 줘야만 매사를 냉정하게 판단할 수 있게 된다. 나도 메모를 다시 읽어보면서, 아내의 잔소리가 나를 위해서 한 말이라는 것을 알고 반성하는 일이 종종 있다.

감정은 억지로 통제하지 말고 발산시키고, 시간을 둔 후에 냉정하게 마주하는 것이 좋다.

이것을 반복하다보면 차츰 화가 났을 때도 전보다는 이성적으로 상황을 파악할 수 있게 된다.

감정을 억제하는 것만이 미덕은 아니다. 참고 억누른 감정은 마음속 깊은 곳에서 쌓여 스트레스가 된다. 그것을 해소하는 '글쓰기'를 잊지 말자. 꼭 화가 났을 때만이 아니라 고민이 있을 때 슬플 때 등 다양한 상황에서 감정을 글로 토로하면 효과적이다.

마음의 면역력 기르기

7장

80퍼센트 심리학 :

완벽을 버리자 찾아온 변화들

때로는 슬렁슬렁
느긋하게 살아야
재미있는 것이 인생.

상처받고 슬픔에 잠겨 있을 때 필요한 것은, 당연하겠지만 긍정적인 마음이다.

그러나 애써서 긍정적인 마음을 갖게 되었더라도 장밋빛 미래나 완벽한 결과를 과도하게 바라지는 말라. 그간 괴로웠던 만큼 커다란 행복을 얻고 싶은 마음은 이해하지만, 너무 완벽을 추구하면 무리가 온다. 그러면 또 마음에 필요 이상의 부담이 간다.

나는 평소에 "괜찮은 인생을 위한 기본은 무슨 일이든 80퍼센트 주의로 가는 것"이라고 기회가 있을 때마다 떠들고 다닌다. 원만한 사회생활이나 인간관계, 자아실현을 통해 삶을 잘 꾸려가기 위해서는 80퍼센트 정도로 만족하면 된다는 뜻이다.

친구에게 화가 났다면 혹시 당신이 생각하는 '완벽한 친구'임을 바라기 때문은 아닐까. 자신의 기준에 맞지 않는 사소한 언행이 다 거슬리는 것이다. 회사에서도 마찬가지다. 일을 너무 완벽하게 하려고 하니, 자신이나 타인의 실수에도 한심하다는 생각이 드는 것이다.

슬럼프나 우울할 때도 100퍼센트 원래 상태로

되돌아가려는 마음이, 쓸데없이 조바심을 키운다.

완벽하지 않아도 좋다. 80점짜리 평가라도 괜찮다. 사소한 결점이나 실패는 넘겨버리고 편하게 살아보자.

특히 자신의 실패에 엄격하게 구는 이들이 있는데, 세상의 모든 성공에는 실패라는 밑거름이 존재한다는 사실을 잊지 말자. 다시 도전해서 언젠가 만회하면 된다.

사실 나는 최근에 나이가 들어서인지 80퍼센트는커녕, 60퍼센트면 충분하다고 생각하고 있다. 전에는 뭐든지 제대로 잘하고 싶은 욕심이 많았는데, 그런 마음이 많이 줄어들었다.

확실히 젊은 사람들은 의욕이 많아서 이것도 저것도 죄다 잘하고 싶어 한다. 그래서 잦은 실패와 절망을 맛본다.

그러나 당장은 아무것도 이뤄내지 못하더라도 그건 그것대로 인생이다. 꼭 좋은 결과만이 위대한 것은 아니다. 무언가에 도전하는 그 자세와 경험 자체가 값지다.

소풍 나온 아이처럼 이 세상을 살아가기 위해서는, 무슨 일이든 80퍼센트 주의로 가보자. 훨씬 더 당신 주변의 일상이 가볍고 재미있어질 것이다.

처음부터 수학 문제를
잘 풀 수 없는 것처럼
실패와 연습은 꼭 필요합니다.

인간은 학습으로 성장한다. 그리고 학습의 기본은 실패다. 무슨 말이냐 하면 어린 시절을 생각해보자. 수학을 처음 배울 때는 누구나 어렵고 헷갈리고 답을 틀린다. 그렇게 실수를 반복하는 사이에 이해가 되고, 계산이 가능해진다. 나의 경우는 시계를 보는 방법을 처음 배울 때 상당히 힘겨웠던 기억이 난다. 숫자 사이에 놓인 시침이 앞뒤 숫자 중 어느 시간을 가리키는 것인지 이해하는 데 한참 걸렸다.

학교를 졸업하고 나서 회사에 들어가도 마찬가지다. 일을 처음부터 하나씩 배워나가야 한다. 전화 받는 법, 메일 쓰는 법, 복사하는 법처럼 사소한 일부터 프로의 전문적인 업무까지 배워야 할 것투성이다. 경력은 어려운 수학 문제를 풀듯이 수많은 벽에 부딪혀가며 쌓이는 것이 당연하다.

인간관계에서도 그렇다. 친한 친구와 이야기하든 처음 보는 사람과 이야기하든, 엄밀히 말하면 모든 것이 처음 주고받는 대화다. 그렇게 생각하면 거기에서 오해나 갈등이 생기는 것도 당연하다.

그렇게 교류를 거듭하면서 실패가 축적되면, 보다 나은 언행을 익히게 된다. 그런 의미에서 다양한 경

80퍼센트 심리학 : 완벽을 버리자 찾아온 변화들

험을 쌓는 것은 중요하다.

이 세상에 실패 없이 성공한 사람은 없다. 다양한 시도를 통해 성공도 손에 넣을 확률이 높아진 것이다.

실패의 기억이라는 것은 강렬하다. 쉽게 잊히지 않는다. "자라 보고 놀란 가슴 솥뚜껑 보고 놀란다"는 속담만 봐도 그렇다. 나에게 매섭게 대한 적이 있는 상사, 엎어진 프로젝트, 실패한 재테크 등 생각하지 않으려 해도 무심코 떠오르는 것들이 바로 부정적인 기억이다. 그러나 탄식하며 슬퍼만 하면 손해다. 과도하게 고민하며 끙끙 앓는 시간이 아깝다. 물론 실수에 대해서 어느 정도의 반성은 필요하지만, 필요 이상으로 침울해하는 것에는 어떠한 의미도 없다.

그러니 실패했을 때는 '힘든 것이 아니라 또 하나 경험치가 올랐다. 내 인생은 순조롭게 나아가고 있다'고 생각하자. 곧바로 그렇게 받아들이기는 어려울지도 모르지만, 우울한 기분을 취미나 운동 같은 것으로 가능한 한 빨리 리셋하고, 조금씩 기분을 긍정적으로 바꿔나가자.

최근에는 이런 것을 '회복 탄력성'이라고도 부르는데, 실패를 도약의 발판으로 삼아 더 높이 뛰어오르는 마음의 근력을 뜻한다.

긍정적인 혼잣말로
자기암시를 하면
상황은 분명히 달라집니다.

"암에 걸린 사람이라 할지라도 기도에 의해서 치유된다."

수상한 사이비 종교 단체의 꼬드김 같기도 한 이 문장은, 사실 노벨 생리학·의학상을 수상한 생물학자 겸 외과의학자 알렉시스 카렐이 한 말이다. 비종교인이라면 미신적이고 비이성적이라고도 여길 수 있는 '기도의 힘'을 긍정한 것이다.

누구든 기도만 해서 병이 낫는다면 세상에는 약도 의사도 필요 없을 것이다. 그런데 신기하게도 그렇게 해서 나은 사람들이 존재하고, 또 그들의 체질이 특별했던 것도 아니다.

이에 대해서 나는 '긍정적인 마음을 가진 사람은 질병에 강하다'고 나름대로 정리를 해본다. 병문안을 온 사람들이 자주 입에 올리는 "병은 마음먹기에 달렸다"는 말처럼, 긍정적인 마음은 즐거우면서도 편안한 상태가 되게 해주어 치료에 도움을 준다. 또한 "나는 건강해질 거야" "내 병은 꼭 나을 거야"라고 입 밖으로 말을 내뱉는 것도 마찬가지다.

꼭 어디가 아프지 않더라도 스트레스나 고민 등으로 마음이 약해져 있을 때 이러한 자기암시는 효과적이다. 쉽게 우울해지고 상처받는 사람은 안 좋은 일이 있으면, 그 마이너스 에너지를 계속해서 유지하는 경우가 많다. 이제 그만 털어버려도 좋을 텐데, 계속해서 그 일만 떠올리고 사소한 일에도 언짢아한다. 이래서야 좀처럼 앞으로 나아가지 못한다.

이럴 때는 투병 중인 환자가 건강해지기를 바라는 것처럼, 가라앉은 마음을 달래 플러스 에너지로 바꿔보자.

예를 들면, 업무에서의 실패나 인간관계에서의 고민에도 '잘 풀릴 거야'라고 생각하면서 힘든 과정을 견뎌내는 것이다. 뇌가 착각하게 하면 불안할 때 나타나는 몸과 마음의 징후도 어느 정도 줄어든다는 연구 결과도 있다.

긍정적인 생각이나 자신이 바라는 소망을 끊임없이 상상하는 것은, 간단한 자기암시의 역할을 해 답답한 상황을 벗어나게 해주는 에너지가 된다.

마음을 편하게 가져야 하거나 힘이 필요할 때 우선 긍정적인 말을 해보자. 얼마나 간단한가. "나는 잘될 거야" "나는 괜찮아질 거야" "나는 할 수 있어".

혼자 있을 때는 소리내 말하고, 주변에 사람이 있다면 속으로 말하자. 이렇게 하면 알렉시스 카렐의 말처럼 상황이 호전되는 일은 분명히 생길 것이다.

80퍼센트 심리학 : 완벽을 버리자 찾아온 변화들

꿈을 향해
노력하는 그 시간이
평생의 힘이 됩니다.

〈라이프 오브 파이〉라는 영화를 좋아한다. 주인공 파이가 망망대해에서 호랑이 리처드 파커와 함께 표류하며, 삶에 대한 희망의 끈을 놓지 않는다는 모험기이다. 결국 그는 생존에 성공한다. 이처럼 꿈과 희망을 안고 살아가는 사람은 강하다. 꼭 영화 속 주인공이 아니더라도 그렇게 살아가는 모습은 주변 사람들의 눈에 무척 매력적으로 비친다. 같은 장소에 함께 있는 것만으로도 에너지를 받는다.

그런데 한편으로는 그 꿈에 의해 완전히 망가지는 사람도 있다. 꿈을 그리며 살아왔지만 좀처럼 원하는 것을 손에 넣지 못해 점점 불만이 쌓이는 것이다.

불만은 자신과 사회를 향해 쌓이기만 하고, 이제는 애초에 무슨 꿈을 꾸었던 건지 생각나지 않을 정도로 멀리 가버린 경우다. 이렇게 된 자신을 바라보며 "꿈 같은 건 처음부터 가지지 않는 게 좋았을 거야"라는 말을 하기도 한다.

이렇게 꿈이나 희망이 좌절되어 그 상처에 머물러 있는 경우는, 그 실현 과정에 문제가 있었던 것이라고 생각한다.

예를 들어 '이탈리아에 가고 싶다'라는 꿈을 가

졌다고 하자. 이탈리아에 갈 기회가 올 때까지 그저 막연히 기다리기만 해서는 안 된다. 아무것도 하지 않는데 꿈이 실현될 리 없다. 이런 무모함은 스트레스를 주고 그로 인해 심신을 지치게 할 뿐이다.

그렇다면 어떻게 하는 것이 좋을까. 꿈과 관련이 있는, 곧바로 행동에 옮길 수 있는 '작은 목표'를 설정해서 세세하게 지켜나가는 것이다.

이탈리아에 가기 위해서 어학을 공부하거나, 사전에 그 나라의 역사에 관한 책을 읽어두거나, 여행용 통장을 만들어 매달 저축을 한다. 혹은 장기 휴가를 위해 미리 스케줄을 조정해두는 것이다.

이렇게 실제로 행동에 옮기다보면, 결과가 차츰 눈에 보이는 형태로 만들어진다. 꿈에 한 걸음 다가가고 있다는 실감이 난다. 이런 경험은 만족감과 동시에 다음 단계로 향하는 자극이 된다.

그러나 인생이 꼭 계획한 대로 되는 것만은 아니다. 꿈에 다가가기 위해 촘촘하게 계획을 짜고 실행을 하더라도, 끝내 실현되지 않기도 한다. 하지만 이렇게 꿈의 힘을 몸소 실감한 사람은, 꿈을 향해 걸어간 자신의 과정과 시간 그 자체를 양분 삼아 또 다른 것에 도전할 용기와 에너지를 만든다.

그러니 목표를 가지고 조금씩 걸어나가자. 미래를 그리고 행동하는 그 자체가 이미 건강한 삶이다.

'이제 끝이야'가 아니라
'아직 괜찮다'고
바꿔 생각하세요.

긍정적인 사고를 하자고 말하면 반드시 반론을 하는 사람이 있다.

"말이야 쉽지만 정말 괴로운 상황에 있을 때는 긍적적으로 사고하는 게 쉽지 않아요. 계속해서 나쁜 예측밖에 들지 않으니까요. 애초에 긍정적으로 사고하자는 것도 일종의 강요 같기도 하고, 사실은 불가능한 일 아닐까 싶어요."

이런 식으로 말이다. 그렇다면 애초에 긍정적인 사고란 무엇일까? 내 마음이 편할 대로 생각하거나, 괴로움에서 도망치는 방법으로 받아들여지는 것은 아닐까.

내가 생각하기에 진정한 긍정적인 사고에는 때때로 고통과 고민이 따른다. 특히 나쁜 일이 예측되는 상황에서도 어떻게든 좋은 결과를 상상할 때 그렇다.

'어느 정도의 어려움이 예상되지만 무조건 빠져나갈 수 있다. 그 끝에 밝은 미래가 펼쳐질 것이다'라고 믿고, 어떻게 리스크를 보완해서 행동할지 생각하는 것이 긍정적인 사고다.

결코 막연하고 태평하게 낙관하는 것이 아니고

그렇게 어려운 일도 아니다. 구체적인 행동까지 그려지지 않는다면 '더 나빠지지는 않을 것이다. 이제 괜찮다. 앞으로 괜찮아질 일만 남았다'고 현재 진행형으로 생각하는 것만으로도 충분하다.

아무리 애를 써서 긍정적으로 생각하려 해도 금방 부정적인 사고가 고개를 들면, 억지스럽더라도 불운을 행운으로 받아들이도록 하자. 생각의 전환을 꾀하는 것이다.

'이번 인사이동은 새로운 일에 도전할 기회구나' '오늘 나의 실수는 앞으로 더 잘하기 위한 경험이다' '지금의 경제적 어려움은 풍족함으로 향하는 출발점' '당장은 몸이 아프지만 어쩌면 이것은 나에게 꼭 필요한 휴식의 순간이 아닐까' 등이다.

특히 어려움에 직면했을 때에는 '이제'가 아닌 '아직'으로 생각하자. '이제 안 돼'가 아니라 '아직 괜찮아', '이제 끝이야'가 아니라 '아직 끝나지 않았으니 지금부터', '이미 너덜너덜'이 아니라 '아직 건강해'처럼 말이다.

단순한 말장난이 아니다. 이렇게 의식과 언어를 바꾸는 것만으로도 기분은 크게 달라지고, 행동까지 개선된다.

그러니 '아직 괜찮다'고 스스로를 믿고 한 걸음 앞으로 내디뎌보자.

당신은 행복해지기 위해
지구라는 별에 태어났습니다.

나는 타고난 낙천가는 아니지만, 마음이 궁지에 내몰릴 때면 항상 '우리는 모두 행복해질 운명 아래 존재하고 있다'고 생각한다. 이 세상에 태어나지 않는 편이 좋았을 사람은 단 한 명도 없고, 각각의 사람들이 그 자리에 있어야 할 이유가 있기 때문에 존재한다고 여긴다.

그래서 평소에 입속으로 작게 "나는 행복해질 운명이다"라고 주문처럼 말해본다. 그러면 어떤 순간에서도 조금 힘이 난다.

자신에 대한 긍정적인 감정은 몸과 마음의 건강에도 좋다. 그러니 방황을 할 때일지라도 '나는 행복해지기 위해 존재한다. 무엇을 선택해도 괜찮고, 작은 실수가 있다 해도 반드시 나쁜 결과만은 아닐 것이다'라고 생각하자. 그렇게 하면 기분이 밝아진다.

이렇게 대담한 태도를 취할 수 있게 되면 대체로 상황도 호전된다. 스스로 자신이 더 괜찮아 보인다. 잃어버렸던 자신감과 자기애를 되찾을 수 있다.

행복과 불행은
스스로 느끼고
결정하는 겁니다.

세상은 공평할까 불공평할까? 그것은 기준을 무엇으로 두느냐에 따라 달라진다.

예를 들어, 회사원의 월급을 보자. 다른 사람과 나의 월급 차이가 불공평하다고 생각할 수 있다. 그러나 사람은 일을 하는 방법도 시간도 결과도 저마다 다르다. 같은 부서에서 같은 직급을 가졌더라도 똑같은 월급을 받지 못할 수도 있는 것이 현실이다. 그렇다고 해서 월급을 결정하는 사람이 반드시 평등하고 공정하게 생각하고 낸 결론이라는 뜻은 아니다. 애초에 사람이 사람을 그렇게 자로 재듯이 평가하기는 불가능하다고 본다.

아무리 업무 평가를 위한 객관적인 항목에 체크를 해도, 거기에는 자연스럽게 주관이 스며든다.

또한 육체적인 조건 또한 평등하지 않다. 사람은 모두 건강하게 태어나는 것이 아니고, 생김새도 저마다 다르다.

결국 세상이 공평한지 묻는다면, 그렇지 않다고 답할 수밖에 없다.

하지만 모두에게 공평한 것이 적어도 두 가지는

있다. 하나는, 누구든 언젠가 반드시 죽는다는 것. 또 다른 하나는, 자신의 행복이나 불행은 스스로 느끼고 결정한다는 것이다.

만약 당신이 세상에서 가장 행복한 기분에 빠져 있다고 하자. 그럴 때는 아무리 주위에서 "그렇게까지 기뻐할 일은 아닌 것 같아"라고 말해도 전혀 신경쓰이지 않는다. 다른 말은 들리지도 않는다. 누구도 당신의 행복을 방해할 수 없다.

반대로 당신이 외모가 수려하고 돈이 많고 일머리가 뛰어나고, 남들이 보기에 온갖 복을 다 가진 듯해도 스스로 불행하다고 생각한다면, 그 마음을 돌리는 것은 어렵다. 남이 보기에 충분히 괜찮아 보이는 상황인데도 본인에게는 그 사실이 왜곡된 상태로 인지되어 버린 것이다.

이처럼 행복과 불행을 결정하는 건 나 자신이고, 내 마음이다. 그러니 세상이 공평하네 불공평하네 잣대를 들이대는 시간보다, 지금 나의 상황과 기분을 행복하게 여기는 것이 더 가치 있다. 쉬이 답이 나오지 않는 거대 담론 사이에 나를 내던지기보다, 눈앞에 맛있는 커피 한잔의 여유를 음미하자. 마음에서 시작되는 이 작은 움직임은 반드시 큰 변화를 가져다줄 것이다.

옮긴이 마루 maru

대학에서 일본어를 전공하고 도쿄의 패션 기업에서 언론·소셜미디어 담당으로 근무했다. 일본 거주 중 유튜브의 세계에 입문해, 일본어 콘텐츠와 일상을 소개하면서 지금까지 14만 명의 구독자들과 소통하고 있다. 귀국 후 YBM에서 일본어 회화 강사로 일했고, CLASS101에서 '네이티브의 이야기로 배우는 일본어 초/중급 회화' 클래스를 진행했다. 현재 시원스쿨 일본어 회화 강사 겸 번역가, 유튜버로 활동 중이다.

지은 책으로는 《네이티브는 쉬운 일본어로 말한다 : 직장인 편》《YBM 보이는 일본어 회화》가 있다.

youtube.com/@nnarunouchi
yubikiryjp@gmail.com

안아주는 말들
불안이 익숙한 사람을 위한 심리학

발행일	2023년 2월 1일

지은이	사이토 시게타
펴낸이	고은주
옮긴이	마루
디자인	용석재
마케팅	최금순

펴낸곳	스테이블
출판등록	2021년 1월 6일 제320-2021-000003호
주소	서울시 관악구 조원로 137 602호
전화	(02) 885-1084
팩스	(0504) 260-4253
이메일	astromilk@hanmail.net

ISBN	979-11-973932-6-6 (03180)